2021 年第 1 辑

价值论研究
RESEARCH ON AXIOLOGY
—— 2021，No.1

孙伟平　陈新汉/主编
上海大学价值与社会研究中心
中国辩证唯物主义研究会价值论研究专业委员会 /编

上海大学出版社
SHANGHAI UNIVERSITY PRESS

图书在版编目（CIP）数据

价值论研究. 2021年. 第1辑／孙伟平，陈新汉主编. —上海：上海大学出版社，2022.6
ISBN 978 - 7 - 5671 - 4479 - 8

Ⅰ.①价… Ⅱ.①孙… ②陈… Ⅲ.①价值论（哲学）—研究 Ⅳ.①B018

中国版本图书馆CIP数据核字（2022）第089821号

责任编辑　王悦生
封面设计　柯国富
技术编辑　金　鑫　钱宇坤

价值论研究（2021年第1辑）
孙伟平　陈新汉　主编
上海大学出版社出版发行
(上海市上大路99号　邮政编码200444)
(http://www.shupress.cn　发行热线021 - 66135112)
出版人　戴骏豪

*

南京展望文化发展有限公司排版
句容市排印厂印刷　各地新华书店经销
开本 710mm×1000mm　1/16　印张 11.25　字数 163千
2022年6月第1版　2022年6月第1次印刷
ISBN 978 - 7 - 5671 - 4479 - 8/B · 125　定价　79.00元

版权所有　侵权必究
如发现本书有印装质量问题请与印刷厂质量科联系
联系电话：0511 - 87871135

《价值论研究》编委会

主　　　任	李德顺
副　主　任	孙伟平　陈新汉
委　　　员	（按姓氏笔画为序）

　　　　　　　马俊峰　王天恩　文　兵　尹　岩
　　　　　　　冯　平　宁莉娜　刘进田　闫坤如
　　　　　　　江　畅　孙伟平　李德顺　邱仁富
　　　　　　　何锡蓉　汪信砚　陈新汉　胡海波
　　　　　　　段　勇　黄凯锋　韩　震

主　　　编	孙伟平　陈新汉
副　主　编	尹　岩　邱仁富　刘　冰
执　行　编　辑	（按姓氏笔画为序）

　　　　　　　伏志强　杨　丽　吴立群　张亚月
　　　　　　　张艳芬　张响娜　赵　柯　姚毅超
　　　　　　　彭学农

名家访谈

我的价值论研究历程
——李德顺教授访谈 …………………………… 李德顺　陈新汉 / 003

价值论基础理论研究

心性、价值与境界
——沟通现象学价值哲学与中国传统价值哲学的尝试 …… 赵精兵 / 017
刍议马克思主义哲学价值定义之争 ……………………… 刘芷如 / 030

评价论研究

接受的哲学反思 …………………………………………… 尹　岩 / 045
思想政治教育互动的两个维度 …………………………… 张　婧 / 056

价值观研究

中西价值观比较的前提和方法问题 ……………………… 杨学功 / 065
社会主义核心价值观一体化融入大中小学思政课中的话语权
　………………………………………………………… 陈新汉 / 072
论社会主义核心价值观中的法德共济 ………… 吴　宁　刘金凤 / 087
论社会主义核心价值观的践行：重要地位、阻滞因素
　及其破解思路 ………………………………… 王　莹　韩聪颖 / 097
用社会主义核心价值观引领市场经济发展 …… 徐国民　李慧杰 / 109

文化与价值研究

试论钱学森科学思维的道德底蕴与时代价值

——纪念钱学森院士诞辰 110 周年 ………………… 唐志龙 / 125

阿伦特的艾希曼

——恶的平庸性与无思的自我 ………………… 孙晓静 / 138

价值实践问题研究

关于区块链技术的价值反思 ………………………… 孙　妍 / 153

从生存劳动到价值劳动的实践超越

——马克思人民劳动价值论的结构转型 ……………… 王　轩 / 163

Contents

Celebrity Interview

My History of Axiology Research
— An Interview with Professor Li Deshun   *Li Deshun and Chen Xinhan* / 003

Research on Basic Theory of Axiology

Mind, Value, and Real
— An Attempt to Communicate Phenomenological Value Philosophy
with Chinese Traditional Value Philosophy   *Zhao Jingbing* / 017
On the Dispute over the Definition of Value in Chinese Philosophy   *Liu Zhiru* / 030

Research on Evaluation Theory

Philosophical Reflection of Acceptance   *Yin Yan* / 045
Two Dimensions of Interaction in Ideological and Political
Education   *Zhang Jing* / 056

Research on Values

Premises and Methodological Issues for Comparison of Chinese
and Western Values   *Yang Xuegong* / 065
Power of Discourse up on the Integration of Socialist Core
Values into Ideological and Political Courses in Primary
and Secondary Schools   *Chen Xinhan* / 072
On the Harmony between Law and Morality in the

Socialio Core Values *Wu Ning and Liu Jinfeng* / 087

The Practice Process of Socialist Core Values: Important Position,
　　Obstructive Factor, and the Solution *Wang Ying and Han Congying* / 097

Leading the Development of Market Economy with
　　Socialist Core Values *Xu Guomin and Li Huijie* / 109

Research on Culture and Value

On the Moral Connotation and Time Value of Qian Xuesen's Scientific Thinking
　　— Commemorating the 110th Anniversary of Academician
　　　　Qian Xuesen's Birth *Tang Zhilong* / 125

Arendt's Figure of Eichmann
　　— The Banality of Evil and the Thoughtless Self *Sun Xiaojing* / 138

Research on Value Practice

Reflections on the Value of Blockchain *Sun Yan* / 153

Practical Transcendence from Survival Labor to Value Labor
　　— The Structural Transformation of Marx's People's Labor
　　　　Theory of Value *Wang Xuan* / 163

名家访谈

Celebrity Interview

我的价值论研究历程

——李德顺教授访谈

李德顺　陈新汉

【李德顺教授简介】 李德顺，男，中共党员，1945年9月生于黑龙江省齐齐哈尔市。哲学博士，现任中国政法大学终身教授，人文学院名誉院长，法治文化专业博士生导师、博士后合作导师，中国价值哲学研究会名誉会长。1992年被国务院授予有特殊贡献专家称号。主要研究领域：马克思主义哲学、价值哲学、法治文化等。著有：《伟大的认识工具》《价值论》《价值新论》《新价值论》《精神家园：新文化论纲》《法治文化论》等。部分著作曾获全国"五个一"工程奖、国家图书奖、教育部和北京市优秀社科成果奖等。部分著作已被译为英、日等外文，在国外出版发行。

陈新汉（以下简称"陈"）：您是我国价值论研究的开创者之一。您的博士论文于1987年首次出版就引起了轰动。那么当初在大家都还不大注意的情况下，您是怎样想到要研究价值论的呢？

李德顺（以下简称"李"）：当初我为什么关注价值研究？一言以蔽之，是受时代和生活实践中"问题"的启发和激励。

具体地说，我对价值问题的关注和思考，萌生于中国人民大学，成型于中国人民大学。1964—1965年在我读大一期间，哲学课的老师在课堂上讲授"社会意识诸形式"时，曾就其中的文艺理论问题举过一个例子：戏剧理论的两大流派（斯坦尼斯拉夫斯基体系和布莱希特体系）之间的争论。有人把争论的焦点，形象地集中在对同一演员的表演给出的截然相反评价上：这位演员在莎剧《奥赛罗》中扮演反派角色伊阿古。伊阿古为人卑鄙龌龊。他设谋挑拨离间，导致奥赛罗误杀了自己美丽善良的妻子。由于这位演员演得太逼真，激起了观众的愤怒，就当场打死了他。这有点像当年在延安，陈强老先生扮演黄世仁的时候，也有我军战士愤怒地要向他开枪。演员由于演反派演得太传神而被义愤的观众打死，达到这种效果，究竟是好是坏？若按斯坦尼斯拉夫斯基的戏剧表演理论来评价，就说这个演员是"世界上最好的演员"。因为斯坦尼斯拉夫斯基体系的主张，简单讲就是演员演谁就要像谁；但是按布莱希特的理论来评价，他却是"世界上最糟的演员"。因为布莱希特理论注重对社会现实的理性批判。在他看来，戏剧的功能不是让人们仅仅体验生活中的悲欢离合，而是演员与角色之间要保持一定的"间隔效果"，才能唤醒大家的批判意识。这位演员与角色之间没有一点间隔效果，所以他的表演根本上是失败的。

老师举了这个例子之后，我非常关心结果，下课后就追着老师问："到底是最好的还是最糟的演员呢？"老师说："这要具体问题具体分析。"我接着问："那么请具体分析一下，到底好在哪里，糟在哪里呢？"老师又说："一切都因时间、地点、条件而转移。"这当然是正确的哲学道理，但我还是觉得没有解决问题，仍然不依不饶："以什么时间、地点、条件而转移？转移到哪里去了？"老师静思了一会儿，说："唔，这的确是个问题，值得重视。要不你将来去研究研究它？"——老师把球还给了我，也等于交给了我一个任务。这是大一下学期的事。到大二下学期，就开始闹"文化大革命"，一闹十年。在这十年里，我越来越发现，"好"与"坏"的判断问题十分普遍，可以说无时无处不在。但是，人们总是凭个人的意愿和感觉去谈论它，很少有认真透彻的理论说明。

例如"文革"后期，我在工厂里做宣传工作。为了理解毛主席讲话中对"猫论"和邓小平的批评，我不得不又重新回到这个问题：关于"好坏"的判断究竟是怎么回事？其理论根据是什么？"猫论"算什么理论？在我们的哲学体系中，它违背了哪一条原理？……可是，在哲学教科书里，从第一页到最后一页，都找不到一点答案和根据。

我后来了解到,"猫论"原出自刘伯承元帅。刘伯承用四川民谚"黄猫黑猫,捉住老鼠就是好猫"来说打仗:"左一招、右一招,能打败敌人的招数才是好招。"邓小平是在三年困难时期的后期重提这句话的。当时开共青团大会,团中央委员们去向时任中共中央委员会总书记的邓小平汇报工作,并询问农村的生产关系应该怎么搞。邓小平说:刘伯承说,黑猫白猫捉住老鼠就是好猫。农村的生产关系怎么搞,就要看怎样能促进农村生产力的发展。——"猫论"的来历就是如此。当时我只是反复琢磨:要批判"猫论",它到底哪错了?假如家里闹鼠灾,要养猫捉鼠。这时如果选猫不以抓老鼠为标准,难道还以毛色为标准?假如你说,我就喜欢好看的白猫,不管它捉不捉老鼠。那么这会不会表明你有"通鼠"的嫌疑呢?当然,如果是在平时,你专门喜欢白猫或者黑猫,奉行"不管能不能捉老鼠,可爱就是好猫"的原则,那么这显然是养宠物的标准。这时判断的标准似乎变了,但其中的逻辑和思维方式却显然是一回事,即"手段服从目的,选择注重实效"。

所以我觉得,从多方面看,"好坏"的确是一个很复杂的问题。我很想通过学习把这类问题弄明白。于是当恢复高考并开始招研究生时,我就迫不及待地报考了人大哲学系硕士研究生。在读研期间,我读了些书和材料,发现我所关心的这个"好与坏"的问题,在西方哲学中属于一个新兴的领域,被称为"价值哲学",并且,价值论似乎不是传统认识论、知识论或存在论、本体论中已有的现成内容,需要从头梳理,重新展开。于是在读博时,我就从自己关心的问题出发,选定了"价值论"作为学位论文的选题,尝试马克思主义哲学价值论的研究和构建。

陈:撰写博士论文的过程顺利吗?您遇到过哪些困难和障碍,怎样克服的?

李:在学术上,你关注一个问题,远不等于解决了这个问题。即使把古今中外前人所有有关这个问题的论述资料都搜集齐全,分门别类堆在那里,也不等于你对这个问题就有了自己的理解和回答。而我在起步研究价值问题时,面临的第一个困难,却恰恰是学术资料问题。那时,哲学上的价值研究,在国内的学科性质上还是"空白"的,在任何图书资料的目录和索引中,都没有它的分类专项。但是我知道,实际上涉及这个问题的中外论述，却是"汗牛充栋"，多得无法计数的。哪怕我想把其中最重要的经典一一找出来，搜集整理齐备，凭个人之力也是根本做不到的。况且我的主要兴趣，只是问题本身。

当然，研究问题也不可能"白手起家"。我当时采取的办法主要有两点：一是扣住问题，澄清概念，面向历史和实践，铺建自己的轨道；二是选择一种"倒过来"阅读的方式，先看当代最有分量有影响的著作，特别是有关的讨论和争议，接着在追溯争论各方的思想源流时，逐渐辨析理解前人的思路和成果。这两点，在我的实际研究过程中，常常是互动、交叉和合而为一的。比如，怎样界定"价值"和"好坏"概念及问题的本质？这是整套价值理论的起点与核心。面对古今中外有关善恶美丑、得失利弊、吉凶祸福的众多言说，我结合历史实践去观察它们，然后给自己提出问题："马克思主义怎么说？"要回答这个问题，就不仅要阅读马克思主义的经典，而且要参照"别人怎么说"，即中西已有的主要学说成果，才能做出有凭有据的回答。阅读马克思主义的经典，符合上述第一点；参照"别人怎么说"，带动了上述第二点，促使我从最近的理论争论——西方实证主义与实用主义之争入手，逆向浏览了西方哲学史。

现在回顾一下，我是这么做下来的。通过这样的工作，我也才有了自己回答问题的"轨道"。当然，这条轨道并非我一个人铺就。就同期来说，在我前面的李连科、刘奔等人，和我并排以及以后的其他很多学者，都对开辟、巩固和延续这条轨道，做出了和继续做着贡献。

进入写作过程后，大体比较顺利。30万字用了半年多。但那时没有电脑，全靠手写，因此有点苦。遇到不通顺的地方，就撕掉重写，甚至曾烦恼沮丧得想要放弃。好在还是坚持下来了。现在回想，写出来的不如撕掉的多。估计写出来的有1斤，撕掉的有5斤。感觉正是"千淘万漉虽辛苦，吹尽狂沙始到金"！

陈：哈哈，能想象！那么在理论内容上，您遇到过怎样的困难，自己是如何解决它们的？

李：在马克思主义哲学的理论体系中，是否应该和能够旗帜鲜明地、系统地阐述自己的价值理论和价值观念？在这个问题上，一直存在着各种各样的困惑、分歧和争议。在我看来，这里存在着三个方面的研究任务。

一是思想溯源研究。马克思主义创始人是否曾经以某种方式提出和回答过价值问题？只有从他们的著述中找到足够的材料和例证，才能知道这里有没有、是不是马克思主义的价值理论和价值观念；

二是理论形态研究。以上述材料为基础，是否能够发现其总体上一以贯之的精神实质、思想方法和理论逻辑？它们是否足以构成自己相对完整的理论系统？只有做出明确的回答，才能知道这里有没有、是不是马克思主义的"价值学说"；

三是理论应用研究。依据上述理论的立场、观点和方法，是否能够说明人类价值追求和价值观念发生及演进的历史过程？是否能够解释现实生活中的价值现象，回答时代所面临的价值判断和冲突等重大问题？对于这些只有得到肯定的回答，才能知道这里有没有、是不是与马克思主义哲学历史地位相符的，科学、先进的价值理论和价值观念。

面对这三大任务，理论工作的难度是可想而知的。但更加困难的，我以为还是思维方式和治学方式的改变。我深感，需要冲破许多学术成见和意识形态偏见的束缚，努力实现与社会实践和科学发展的时代大体同步的思维方式创新，才能真正有效地担当起这样的历史任务。值得庆幸的是，我们的学术群体没有辜负时代，大家能够借"解放思想，实事求是"的东风，抛弃成见，立足中国的传统文化和当代世界文化，直面价值问题本身，通过向马克思主义哲学的回归和独立思考，对上述主要问题做出了自己的肯定的回答。为此可以说，大体上，我们正在探索一条"中国式马克思主义价值理论研究"的道路。

陈：同意！我的感觉也是这样。那么在您看来，"中国式马克思主义价值论研究"的道路，有怎样的特点？

李：我的体会是：

首先，这一研究之所以是"中国式"的，是因为中国自古以来的哲学一向关注伦理政治层面的价值问题。与欧洲哲学传统相比，中国更具有一种以构建（伦理政治）价值规范为主要线索的学术传统。立足于这一传统，使我们能够从人类生活的整体性和历史性高度，迅速理解来自西方的"价值"概念的普遍性和积极意义，并将其转化为主要关注人类现实命运的理论和实践思考，而不受那种狭隘的钻牛角尖式的实证化、简单化、机械化学科教条的限制。

其次，这一研究之所以是马克思主义的，是因为在认真梳理中西已往研究进程，吸收其积极成果的基础上，直面前人遗留的问题和局限，从马克思主义哲学中找出解决问题和超越前人的理论钥匙，从而初步形成了自己的、一种可算是新型的价值学说。例如，关于价值现象本质的理解和把握，是各种价值学说的起点和主线。我们尽量少走前人走过的弯路，在直接继承"关系说"成果的基础上，进一步阐明，马克思的实践唯物主义是一种更科学、更现实、更彻底的关系说。"实践"是人的对象性感性活动，即现实的主客体关系运动，是人类特有的、本质的存在方式；实践作为人的主体性存在方式，正是人世间一切价值关系的基础，是所有价值现象的根源；价值就是通过实践而形成的世界（包括人自身）对于人的"意义"；等等。据此，可以把西方的价值"关系说"，进一步提升为马克思主义的"实践说"。这已成为我们的一个基本共识。

最后，依据以问题为中心的"中、西、马"会通，这一研究基本上形成了一种有中国风格和时代面貌的、独立而开放的立场、观点和方法系统，并能够在进行理论辨析和思考的同时，力求结合实际，面对改革开放和世界形势的大局，随时应用和检验自己的理论及其思维方式，不断加以深化、拓展和充实。这一点也正是当代马克思主义中国化的一个实质性要求。

陈： 那么，您说的"许多学术成见的束缚"，主要是指什么？

李： 我的经历中遇到的"学术成见"，主要来自两个方面：一是陈旧僵化的"苏式马克思主义哲学"模式，二是凝固化的"西式哲学话语垄断"。前者如有人强调，"如果不是马恩列斯毛已经说过的，你就不要说"。即使当我们举出了马恩的原话，他们也只许用习惯的路数去解释，不能容纳新的解释，认为如果不纳入"两个主义"的传统框架，或者不是从《资本论》的商品价值范畴中直接得出价值定义，那么你说的是否符合马克思主义，就甚为可疑；后者如有人强调，如果不能在某个西方经典那里认祖归宗，例如表明来自康德、舍勒乃至海德格尔的出处，或你的思路和话语与之不符，那么你的价值论就是"无根"的、"不正宗"的、甚至"生造"的"无米之炊"，等等。来自这方面的纠缠，在学术界并不少见。

陈：理论的道路从来不是笔直平坦的。您从事价值论研究 40 多年，并且一直孜孜以求。请谈谈您研究走过的大体历程，譬如有几个发展阶段？

李：我一开始所做的，自认为是纯学理研究。在把自己的认识通过博士论文写出来以后，我发现学界既有人觉得很有益很必要，也有人觉得虽然新鲜，却很"另类"。因此答辩时提问很多，所提问题也很大。其中有位老先生说：你的文章很艰深难懂，能否通俗些？所以我后来写了《价值新论》，尝试用讲故事的方式来说道理。同期也结合现实发表了一些论文。以上这些，总体上都属于自己要"想清楚、讲清楚"的过程。为了从学理上"讲清楚，讲完整"，我还曾计划，接下来要啸聚一些同好，开展"中国价值思想史""西方价值思想史""马克思主义价值思想史"等配套研究。为此也做了一些准备，如组织翻译出版"价值论译丛"、召集 100 多人编写《价值学大词典》，与孙伟平等合作完成《道德读本》（后更名《道德价值论》再版）等。总之，我的初心是，自己先要把价值研究的内涵和外延、历史和逻辑弄清楚，使之作为一个新兴的哲学学科分支，在学理上能够完全站立起来。其他的事可以先不管，相信到时自会有别人去做。

这一阶段的特征，可以叫作"以基础研究为主"吧。时间大体集中在前 8—10 年里。但实际的进程并未按照我的预想步骤实现。我不得不很快就转入了"以应用研究为主"的阶段。因为一方面，很多学术目标，譬如"三个思想史"的工作，自己并不具备担当的条件；另一方面更重要的是，现实的种种社会反应，促使我把研究重心转向了非常迫切的现实领域——价值观念和价值思维的变革。

这种转向，实际上始于我的博士论文答辩那一天（1986 年夏）。答辩完后，有位校报的记者给我提了一个问题："你的理论好像很深奥。如果用来考虑中国的政治建设，你怎么说？"我当时的回答是两个字："民主。"从此以后，这个问题就一直在我心里了：改革开放以后的中国，要建立什么样的价值和价值观念体系？我的很多文章都是围绕这个主题的。比如 1993 年发表的《人民主体论》一文，实际上是 1991 年于莫斯科目睹了苏共垮台的经过以后，思考社会主义国家的执政党和政府，应该贯彻什么样的核心价值观念，所给出的一个回应。

再如，我当时回答了"民主"两个字以后，自己并未完全清楚，只是觉得从理论的逻辑上说，应该如此。因此后来，我一直关注我国社会主义民主建设的进程，持续观察思考了20年，其间也陆续发表了一些不成熟的意见。直到2007年修订《价值论》时，我才总结出"法治"两个字，认定以人民民主为国体，以法治为政体，"民主其内，法治其外"的"民主法治"，应该是中国特色社会主义的政治文明样式。

总之，自从《价值论》1987年第一版出版以后的30多年里，我发表的很多文章，如探讨哲学体系改革、谈道德、谈文化、谈政治、谈法治、谈科技、谈思维方式乃至学风等，大都是围绕"改革开放以后的中国要建立什么样的价值和价值观念体系"这个主题的。其中既有对基础理论的补充和修正，也有对它的应用和检验。所以回顾下来，我的感觉是，与其说"基础研究"和"应用研究"是可分先后的"两个阶段"，不如说它们是时而平行、时而交叉的"两条线索"。我们研究中的实然和应然、理论和实际、逻辑和历史，应该像铁路的轨道一样，是同向延伸、互相支持，既不可分离、也不可归并的关系，犹如人的两条腿、基因的"双螺旋"结构。

陈：我国价值论研究引起了世界上同行的关注，从而产生了学术交流，请您谈谈我国学者与国外同行在价值论研究方面的交流情况。

李：是的。这里有个背景：将"价值"作为哲学基础领域的核心范畴，这是一个具有公共性的理论"问题域"或"论域"的诞生。它不仅对整个西方哲学，而且对于马克思主义哲学发展来说，都是一个新的挑战和机遇。而我们的工作，首先是引起国内外马克思主义哲学界的注意，然后才与西方学术界接触。

据我所知，在国际马克思主义哲学界，曾有两位著名的学者尝试构建马克思主义哲学价值理论。一位是苏联列宁格勒大学原哲学系主任图加林诺夫教授[①]，另一位是在日本被称为"百科全书式"的马克思主义哲学家岩崎允胤教授[②]。但由于种种历史条件、理论准备和政治环境的限制，他们都未能实现自己的意愿。也正因为如此，后来由中国学者在改革开放实践中

---

① 图加林诺夫的有关代表作《马克思主义中的价值论》（1968年由列宁格勒大学出版社出版），由李德顺、王霁、安启念共同译成中文，作为"价值论译丛"之一，由中国人民大学出版社于1989年4月出版。

② 岩崎允胤的许多著作已经被译成中文出版。他和他率领的团队也曾多次在中日两地举行以马克思主义价值论研究为主题的学术交流活动。

重新兴起的有关研究和成果，在苏俄和日本的马克思主义哲学界得到了强烈反响，受到高度的关注和理解。

我所知道的苏联学者的反应，是 1990 年奥伊泽尔曼①率团访华时，在中国人民大学哲学系得到赠书，其中有《价值论》。我记得当时的情形是：他拿起该书并仔细看了英文的目录和摘要，之后就说：这本书要译成俄文出版。然后当场对《哲学问题》杂志主编列克托尔斯基教授说，可以先找人写个评介出来，在你那里发表。——这种反应，当时是出乎我们预料的。后来翻译图加林诺夫的书，我才明白了一些。由于第二年就发生了苏联解体，此事被搁置了，没有下文。但我此后每次访问俄罗斯时，在学界友人中都能感到他们的热情。

至于岩崎允胤先生的态度，更令我感动。1987 年和 1990 年，大阪经济法科大学两次组团（以岩崎允胤先生为首，团员多是他的学生，戏称"岩崎军团"）到北大哲学系，共同举办"中日唯物辩证法研讨会"。初次参会时，我做了发言，并将刚刚出版的《价值论》一书呈岩崎先生。他表现出异常的兴奋，说：终于有一部马克思主义的价值论了！岩崎先生回国后，就安排了两项事宜：一是责成他的学生村濑裕也教授，尝试将《价值论》译成日文（后未成）；二是责成自己的两位学生岛崎隆教授和岩佐茂教授（当时是一桥大学哲学社会科学方面的当家教授），设法邀请我去日本讲学。后来两位教授争取到了一桥大学百年基金项目的资助。这是一桥百年校史上，第一次邀请马克思主义学者。岛崎隆教授来京与我面洽时，我提出请肖前老师一起去，获得应允。我们遂于 1994 年成行，在东京、京都、大阪等地高校和研究机构讲学交流了半个多月。在此前后，中日价值研究交流活动分别在西安、上海、杭州和东京等地轮流举办多次，并有文集出版。

与其他西方同行、特别是标有"价值研究"名称的学术组织交流，主要是通过总部设在美国的两个研究会进行的。一个是由天主教大学麦克林教授牵头的"美国价值哲学学会（RVP）"和"国际价值调查协会（ISVI）"，另一个是由德鲁大学教授、《价值探索杂志》主编麦格耐尔牵头的"国际价值学研究会"。我国很多学者与他们有联系，并多次参加或与其合作在国内外举办学术会议。值得自豪的是，在接触中发现，无论就人数、成果数量、投入力

---

① 奥伊泽尔曼当时任苏共中央委员，苏联科学院院士、主席团主席。

度还是活跃程度来说，我国价值研究发展的规模和实力，都显得很突出。因此，中国的价值研究学者江畅、吴向东两位教授，曾先后被推举为"国际价值学研究会"的会长，代表中国站在了这一国际学术领域的前台上。

在国际学术交流中，我有一个体会，就是要有中国自己的理论自信和文化担当。伴随改革开放、中华振兴而活跃起来的中国学术，也要用自己的努力和成果，塑造与时代相称的文化形象。常说要"请进来，走出去"，不应该变形成为"请进来，跟出去"。我们一定要了解世界，也要让世界了解我们。要做到这些，首先是我们要敢于以当代学术理论研究的"前沿问题"为中心，有独立的批判和思考意识，不厚古薄今，不回避"难题"，特别是不要永远以"学徒""补课"的心态，满足于咀嚼和重复中外前人的既有成果；而要以平等的姿态参与进去，努力拿出具有相应水平和自己风格的产品，与外国同行进行"合作式对话"。

其次要采取主动，通过各种方式把自己的成果，经过筛选和技术处理后，推送给国外同行，不是只等着人家来"挑选"。实际上，我的经验告诉我，有些主动上门来"挑选"中国学者，"指导"中国学术的外国人，多半不是他们本国和本领域的顶尖学者，他们对中国学术的发展，也没有足够的善意和诚意；而真正的国际学术大家，应邀来华访问时，却往往对中国传统文化和当代学术表达出更多的关注和尊重，希望了解得更多。正如哈贝马斯当面对我说的，他感到在中西学术交流中，"中国对西方了解得很多，西方对中国的了解太少。这里存在着严重的不平等"。因此，我们要坦诚地表达自己，让人家更了解我们，并把它当作一项责任。这成了我的一个心愿：要让中国的价值研究"走出去"！

令人欣慰的是，这个心愿正在逐渐实现。例如孙美堂教授和他精通英语的学生及同事，首先发起了将《价值论》译成英文出版的行动，并得到了施普林格出版社的响应和国家社科基金的支持。我们同时编选了中国价值学会第一部英文版论文集《我们时代的价值观念》。两书于 2013 年同时在国外出版。出版后的几年里，这两本书的销量在该社同类出版物中，一直居于高位。消息传来，也有欧美的一些大学把它们列入了教学参考书。除此以外，我们的其他价值和文化研究著作，其英、日、俄、阿拉伯文版等，也已分别进入了出版程序。

当然，要"走出去"的，主要是当代中国思想理论的内容和风格。在这方面，我们所举办的国际性学术活动，大家就某一公共性学术问题所发表的文章著述，显然是更大量的、经常性的成果。因此进一步创造条件，搭建平台，让这些成果登上国际学术的舞台，成为其"常客"，是中国学术真正"走出去"的标志。为此，我们还要做更多的努力。

陈：中国价值哲学会的成立是我国哲学发展中的一件大事，您是我国价值哲学研究会的首任会长，从您的角度谈谈学会的历程和成绩如何？

李：说来有些惭愧，我这个"首任会长"，其实是很被动的。国内第一个成立的价值研究会，是在西安。当时我在哲学所主持工作，并且分管哲学学科的学会。因此那些年里，为了避嫌，我不仅在所内很少谈价值研究，在所外也仅限于支持各个学会，自己决不去担任其中任何学会的职务。而国内价值研究的活动，前十年一直是靠西安的王玉梁、周树智，上海的陈新汉，武汉的江畅、汪信砚，北京以及各地院校的一批"热心人"来发起和组织。所以虽然十分活跃而且持续，却并无"学会"之名。

直到 2000 年以后，由于时任中共中央政治局委员、中国社会科学院院长李铁映同志的关心支持和亲自推动，才在哲学所成立了一个非实体的"价值论研究室"。其成员由来自全国的学者组成，通过全体成员通讯投票选我做室主任，算是有了一个组织，但还不是学会。2005 年我决定离开社科院时，为了保持连续性，全国辩证唯物主义研究会一边把我从理事加任为副会长，一边责成哲学所孙伟平他们负责运作操办，以"价值论研究室"成员为基础，铁映任名誉会长，我为会长，向民政部报批成立了辩证唯物主义研究会下的"价值论专业委员会"（对外称"中国价值哲学研究会"）。民政部的批文 2006 年下达，才算正式有了我们这个学会。那时我也到中国政法大学工作了将近一年。

可见，中国价值论研究的发展，与价值学会的工作，并不是一回事。后来学会建设的功劳，也主要是越来越多"热心人"的。有了这个学会作为平台，打个比方，就像江湖游侠有了一个擂台，各武林门派可以互相切磋，大家的武功就能提高得更快一些，让"价值功"发展得更充分、更规范一些。我们练好自己的"价值功"这门"中国功夫"，也有助于当代中华文化在世界上展示更亮丽的风采。

陈：价值论研究是我国哲学中的显学，今后还要继续发展下去。请您谈谈对我国价值论研究的展望。

李："显不显"是一种自然的结果，在我看来并不重要，重要的是我们要认真地继续"做"下去。中国当代价值研究目前达到的状况，虽然不敢说在国际同行中领先，也可以说是独树一帜，明显具有当代中国特色和水平。我觉得，在众多学者自发地热心参与和真诚坚守之下，已经形成并保持了"问题导向，平等交流，学术高调，行动低调"的学术共同体作风，更加难能可贵的是，可以继续发扬下去。

放眼世界，从冷战结束，世界两大阵营对抗结束开始，人类已进入了一个新时代。在国内构建和践行中国特色社会主义核心价值观念，在人类整体层次上探索构建"人类命运共同体"，是这个新时代的目标和特征之一。我们的价值论研究赶上了国内国际重大历史机遇，当代价值思维和价值观的研究与变革已经成为新的时代主题。这些既是尚未完成的历史任务，也是我们大有可为的历史条件。如果我们继续坚持以问题为中心，不受学派门户之见的隔阂和影响，更加深入地切入现实的历史进程，在理论与实际的结合点上，踏踏实实地提出和回答问题，那么我们在适应时代的建设性思考上，将会有更多的收获，做出新的贡献。

我个人做了自己力所能及的事，今后也还会继续做下去。但因年事已高，最怕思维陷入陈旧和僵化，既落后于时代，也阻碍新人成长。所以我更寄希望于年富力强的朋友们和年轻一代，期待大家奋勇精进，有新的突破！

【执行编辑：陈新汉】

价值论基础理论研究

Research on Basic Theory of Axiology

心性、价值与境界

——沟通现象学价值哲学与中国传统价值哲学的尝试

赵精兵[*]

【摘　要】 沟通现象学价值哲学与中国传统价值哲学是本文的旨趣。胡塞尔最早在《纯粹现象学通论》（简称《观念Ⅰ》）中阐述了能意—所意的相关性。在《伦理学和价值论讲座》（1914）中胡塞尔将能意—所意的相关性扩展到了价值论领域。我们可以将这个相关性区别表述为认识行为中能知—所知的相关性和意志行为中能意—所意的相关性。在价值领域中，胡塞尔构造了与感知（Wahrnehmung）相应的取价（Wertnehmung）。评价或者说意愿领域的对象是所意对象、是意志认为应当的对象。这里，善和应当高于存在。心性不仅有认知结构和评价结构，也有人格修养和锻炼的过程。在修养中，能知—所知和能意—所意相关性可以是引导性结构，传统儒、释、道哲学往往舍境言心。人格修养不仅认识和意愿单个对象，也认识和意愿世界整体。因此现象学哲学的世界观不仅包括认识世界的真理，也包括意志世界的善美神圣。善美神圣作为一个整体，中国哲学称之为"境界"。现实的环境和精神的境界应该圆融统一起来。天人合一在此可以理解为人的心、意、志、境合而为一的精神生活的圆融状态。

【关键词】 心性；能意；所意；人格；境界

---

[*] 赵精兵，西北政法大学文化与价值哲学研究院讲师，主要研究方向为价值哲学。

引　言

洛采是现代价值哲学的创始人，其最重要的概念是有效性。他说："我们称某物是现实的，即它存在，与之相反则不存在；某一事件是现实的，即它正在发生或已经发生，与之相反则未发生；一种关系是现实的，即它被具有，与之相反则不被具有；最后我们也称一个命题是现实的，即它具有有效性，与之相反则其有效性是成问题的。"① 有效性的典型领域是柏拉图的理念领域，"诸理念，只要它们在我们的心灵中显现，具有事件那样的现实性，它们就在我们中发生。因为表象行为并非静止的存在，而是持续的事件；可以从这种心理行为抽出并且被这种心理行为指向的内容既不能被称为发生，也不能被称为存在，故我们只能说这种内容有效"②。洛采最早用价值来指称近代哲学中从道德的善扩展到所有领域中的好。"我们在道德的善之外，也把美、幸福和神圣统一到这个全都具有价值的善之综合中。"正如李凯尔特所说："价值的实质在于它的有效性。"③

洛采之后，价值哲学逐渐向区域化和严格性迈进。文德尔班关心价值在认识和评价中的落实，他认为价值之有效性必须回溯到一种普遍的规范意识，关于真善美圣的命题都是规范性意识立法的结果④。只有在自然科学领域才有体现真价值的普遍规律，而历史领域的事件的价值仅仅在于它是一次性的。李凯尔特提出了自然科学与文化科学的区分。他根据价值划分自然现象和文化现象。两者随后又被马克斯·韦伯引入社会科学中，文化科学的前提不是指文化有价值，而是指我们是文化的人，具有有意识地对世界采取某种态度并赋予它意义的能力和意志。价值无涉是作为经验科学的原则向文化科学提出的客观性原则。

与此相反，布伦塔诺则在洛采开启的心灵领域推进，以自明性体验作为伦常生活价值选择的根基；舍勒则试图以本体性的价值存在为伦理学和

---

① Lotze, *Logic*, Clarendon Press, 1888, p. 208.
② Lotze, *Logic*, Clarendon Press, 1888, p. 209.
③ 〔德〕李凯尔特：《文化科学与自然科学》，涂纪亮译，商务印书馆，1986，第 78 页。
④ Schnädelbach, *Philosophy in Germany*, Cambridge University, 1984.

道德哲学奠基。本文试图在心性现象学的视域下，梳理处于布伦塔诺和舍勒之间的胡塞尔对于价值哲学的贡献，并结合耿宁对良知学的探索，尝试沟通现象学价值哲学与中国传统价值哲学。

一 心性现象学

我们知道布伦塔诺区分了物理现象和心理现象。他认为物理现象是"物体通过感官对我们的心灵作用产生的对象"，而心理现象是"在我们精神活动的感知中发现的现象"，它是"意向地包含对象内容的现象"。他将心理现象分为三个部分：表象、判断及爱憎。每种心灵表象都具有内在价值，奠基于表象之上的命题和爱憎离不开表象。胡塞尔将"表象行为"改进为"客体化行为"，并且将"爱憎行为"称为"非客体化行为"。客体化行为是构建客体的行为，非客体化行为奠基于客体化行为之上。需要注意的是，胡塞尔的意识/行为并不是心理学意义上的意识，而是纯粹意识或超越论意识，它与对象自身的显现及其构造相关，具有本体论地位。

随后，胡塞尔研究了非对象性的内时间意识行为。在内时间意识中，每一个原印象都伴随有一个原意识，原意识和对象意识一样也都构成了一个意识流，胡塞尔分别称之为纵意向性和横意向性意识流。纵意向性的提出为历时研究提供了微观基础，但也引发了一系列问题：人们认为在纵意向性中的原印象发生了改变，已经不再是原初的样子了。关于这个争论，这里暂且不谈。概言之，胡塞尔认为人的意识行为具有纵横双重意向性的结构[①]。

而在《观念Ⅰ》中胡塞尔不再从意向性的质料和质性方面来描述意向体验，而是从意向活动所意对象（Noesis-Noema）相关性角度来描述意识的构造功能。在一切情况下意向作用都有其意向对象。在注意的意向体验中，自我现实地生活着，自我朝向意向对象，自我进行着这些注意着的体验。"纯粹自我在特殊意义上完完全全地生存于每一实显的我思中，但是一切背景体验也属于它，它同样也属于这些背景体验；它们全体都属于为自我所有的一个体验流，必定能转变为实显的我思过程或以内在方式被纳入其中。按康德

[①] 〔德〕胡塞尔：《内时间意识现象学》，倪梁康译，商务印书馆，2009。

的话说:'我思'必定能伴随着我的一切表象。""纯粹自我在任何意义上都不可能被看作是体验本身的真实部分或因素。"纯粹自我"呈现出一种独特的内在性中的超越性"①。由此胡塞尔得出纯粹自我对意识流的统一功能。

胡塞尔这个发现与古代唯识学的心识学说相当一致②。早期佛教唯识学认为人的心识可以分为三个部分:见分、相分和自证分。这是陈那在《集量论》中首先提出的,并且做了严格的论证。陈那认为,见分是识的功能行为,即了别;相分是行为的对象,即境;见分了别境会产生一个结果,即自证分。自证分是见分和相分依靠的自体,没有这个自体就没有统一的心识。后来护法认为光有自证分还不够,如果自证分是见分相分的果,那么什么来证自证分呢?于是他提出了证自证分。这与胡塞尔后来发生现象学的思考也是一致的,但是在单纯的静态分析中,证自证分和自证分无法区分开来,所以无论是唯识学还是现象学在这里都聚讼纷纭③。实际上,证自证分对自证分的指涉是一种自身指涉,这是意识的一种动态结构,但是如果将证自证分等同于自证分,我们就无法见证两者之间的动态发生关系。另外,唯识学中了别境的结果和修行的结果并不是一回事,因为前者是识,后者是智④。自身意识的现证(即证自证的状态)是觉悟的状态,唯识学的自缘—反缘、转识成智,王阳明的良知的"恒照"和"动静合一"都是描写这种精神状态。

耿宁将胡塞尔的心识结构用于理解阳明学的良知学的过程中⑤。耿宁通过自知,即每个意识行为对自身的觉知,亦即"自证分"来理解王阳明的良知。他说"见分相当于王阳明的意,即意念;相分就是意识对象,相当于王阳明所说的物或事。最后自证分相当于王阳明的良知"⑥。耿宁指出,阳明学的良知具有对行为道德性质的自知、独知的意思,这无疑与胡塞尔

---

① 〔德〕胡塞尔:《内时间意识现象学》,倪梁康译,商务印书馆,2009,第151—152页。
② 〔瑞士〕耿宁:《心的现象——耿宁心性现象学研究文集》,倪梁康、张庆熊、王庆节译,商务印书馆,2012。
③ 参看赵精兵、王恒:《耿宁唯识学研究管窥》,《哲学分析》2014年第5期。
④ 关于佛教心性论的系统研究,参考周贵华:《唯识、心性与如来藏》,宗教文化出版社,2006。
⑤ 〔瑞士〕耿宁:《人生第一等事——王阳明及其后学论"致良知"》,商务印书馆,2016。
⑥ 〔瑞士〕耿宁:《心的现象——耿宁心性现象学研究文集》,倪梁康、张庆熊、王庆节译,商务印书馆,第129页。关于良知与自证分的比较,另见张卫红:《良知与自证分》一文,见氏著《由凡至圣:阳明心学工夫散论》,生活·读书·新知三联书店,2016。

的原意识相一致,因此他将良知翻译为原初知识(ursprüngliches Wissen)。他指出,王阳明晚年的良知概念指向"本原知识的本己(真正)本质"或"本原知识的本己实在",亦即指"始终完善的良知本体"。它亦是宗教—神性概念,即对完善的(神性的)实在的热情"①。此外,耿宁还就良知的为他感,强调从交互主体的同情(真诚恻怛)意义上理解良知。

可见,心性现象学是一种方兴未艾的精神现象的研究,它关涉自我与他人,也关注人们在世界中存在的共同结构。倪梁康指出,如果借用传统中国哲学的概念,我们可以说通过现象学的纯粹意识分析,我们走向现象学的心学的传统,即心的现象学;而通过现象学的生存论分析,我们走向现象学的性学的传统,即性的现象学。这里的性不单纯是指心之本性,而是生之本来状态,是生命之活泼泼的本源状态,即《中庸》所讲的"天命之谓性"之性。把这两个意思合起来,我们可以称之为心性现象学。

二 奠基与被奠基:认知与评价对象的层次性

胡塞尔指出:"任何一个意向体验或者是一个客体化行为,或者是以这样一个客体化行为为基础。"② 客体化行为指表象判断这样的使客体被构造出来的认识行为,而非客体化行为指情感、评价、意愿等价值论实践论行为。在感知行为中伴有认之为真的设定。而在情感、评价、意愿中伴有认之为美、认之为有价值、认之为善的设定。

在情感和意志领域也有多种意向活动及与之相应的所意对象层次③。这就是说,这个相关性同样适用于意志和审美这样的行为。自从现象与本体的区分或认识与道德的区分提出之后,人们就不再注意两类行为的共性结构了。换言之,人们在意愿和审美中不再区分能意和所意了,或者甚至认为所意的对象与现实的对象没有可比性。但是所意对象恰恰是我们所意愿的,我们认为所当然的对象,我们的实践所努力实现的对象,从这个意义

---

① 〔瑞士〕耿宁:《人生第一等事——王阳明及其后学论"致良知"》,商务印书馆,2016,第273页。
② 〔德〕胡塞尔:《逻辑研究》,倪梁康译,商务印书馆,2017,第952页。
③ 〔德〕胡塞尔:《纯粹现象学通论》,李幼蒸译,商务印书馆,1992,第240页。

上讲它更有价值、更实在。我们不能始终在实在论上来理解对象，而是应该引入价值论的维度，尤其是在精神生活的考量中。

人们的所知对象千差万别，可以用"真"来统称它们；所意对象千差万别，可以用"善"来统称它们。问题是所意对象的本质是什么呢？是价值。在价值哲学中，人们第一次称所意对象为价值。价值是质料性的，但不同于对象。胡塞尔认为每一行为或每一行为相关项自身都或隐晦或明显地包含着逻辑因素。行为始终可以从逻辑上通过本质的普遍性加以说明。价值在评价行为中被意识。一切一般行为——甚至情绪的和意志的行为——都是"客体化"的，原初地"构成着"对象的，而且因此是不同存在区域及其相关的存在论的必然源泉。评价意识构成着与纯事物世界对立的新"价值学"对象性，构成着一种新区域的"存在者"；由于一般评价意识的本质，实显的信念设定被标志为观念的可能性；这些设定突出了一种新内涵的对象性——价值——后者在评价意识中被当作所意之对象①。他说："一切一般行为——甚至情绪和意志行为——都是'客体化'的，原初地构造对象的。"当然，"意志设定以价值设定、事物设定为基础"②。

在认识中我们所认识的是真，在意愿中我们所意愿的是善，而善要高于真。例如柏拉图最早在《理想国》中提出相论，认为公正、勇敢、美、善的事物分有相应的相而存在。在《巴门尼德》中他还讨论了存在与运动、静止、相同、差异等相的分有关系。但是他关于善高于存在的论述则比较少见。柏拉图认为善是一，在日喻中，他认为善是照耀相的世界的太阳。换言之，柏拉图确实认为善高于真。这一点从他论证灵魂不朽的过程中也可以看出。他说，完美的东西不会被不完美的东西损坏，身体和灵魂本来就不是同一个东西，而身体不完满，灵魂则不然③。耿宁探讨了良知的实体和本己本质含义，指出两者是同一个实事，是所有人和事物共同分有的实在性④。但是并没有强调良

---

① 〔德〕胡塞尔：《纯粹现象学通论》，李幼蒸译，商务印书馆，1992，第 244、289 页。译文有修订。
② 〔德〕胡塞尔：《纯粹现象学通论》，李幼蒸译，商务印书馆，1992，第 289 页。
③ 参考柏拉图：《理想国》（1986 年）、《巴门尼德》（1982 年）、《裴洞篇》（2015 年），商务印书馆。
④ 〔瑞士〕耿宁：《人生第一等事——王阳明及其后学论"致良知"》，商务印书馆，2016，第 273 页。

知的一,这个问题留待以后讨论。

在唯识学中,见分所了别的相分一般理解为认识性境,也就是说自然环境。与之相对的是独影境,比如想象的东西,不存在的东西如龟毛、兔角。但是人们很少将所意愿的对象称为境,尽管有所缘境界的提法。因为后者只是在修行过程中使用(如念佛),而在修行过程中,他们主张摄境归心、转识成智。这样就破坏了心识与所知境之间的相关性,陷入唯心论之中。有学者认为这恰恰是中国心灵哲学的特点①。因此,这样做显然不能圆融地照知所有智境或者说实相。

在儒学中,宋儒主张区分德性之知与见闻之知,并且往往进而在尊德性与道问学之间做选择。如果借用上面的认知结构分析,我们认为德性之知的对象同样存在,甚至比见闻之知更实在。所以我们区分两种所知世界,即真相和实相,并且从价值论的维度更加肯定后者。例如王阳明认为"良知不因见闻而有,见闻莫非良知之用"。此外见闻之知可教、可重复,而德性之知更具个体性,它与某一个人格紧密地结合在一起。但是见闻之知中也有我们从先贤处得来的道德教诲,正如孔子所说,"文武之道,未坠于地;在人,贤者识其大者,不贤者识其小者"②。这说明即便我们要认识所知境,也还必须将心性与境界联系起来,这样才能完整地理解古人的道德教诲。而且中国哲学注重知行合一,这其实是在以来身为德奠基,或曰"德润身"。因此,能意之心与所意之境界的相关性必须作为价值哲学中心性现象的原初关联保留下来。能意—所意之间的相关性的具体细节,详见下文。

三 求真与求善:认知和评价的发生学探讨

认识和意愿是人的两种不同的意识行为,在认识中我们求真,在意愿中我们求善。但是正如洛采说:"心灵的展现不会如此这般支离破碎,即一部分清醒,另一部分却沉睡;相反在它的每一次活动中整个心灵都在发挥作用。"③ 在精神生活中,真和善是同时并存的,有时甚至会发生冲突,比

---

① 蒙培元:《心灵超越与境界》,人民出版社,1998,第1—17页。
② 《论语·子张》。
③ Lotze, *Logic*, Clarendon Press, 1888, p. 180.

如老子说"信言不美",王国维说哲学上之说,"大都可信的不可爱,可爱的不可信"①。我们前面说过认识和意愿具有相同的能意所意结构,下面我们就来看认识和意愿各自的发生学特点。

胡塞尔发现逻辑学与伦理学之间具有一种本质的同构性,并由此得出形式实践学及其形式价值论,借以反对伦理经验主义。"如果引导我们进行类比考察的猜测是对的,那么在伦理学领域、在理性实践领域必定有某种如分析学、形式实践学一样的东西,一种诸原则和法则的组合,它们在类似的意义上抽象于实践的质料,相应于纯粹形式的合法则性,如形式逻辑法则在知识方面,抽象于所谓的知识质料那样。"②

胡塞尔认为认识和意愿行为中都有形式因素起作用,那就是逻辑理性,"逻辑理性具有唯一的优先性,它不仅在自己的领域,也在任何其他理性领域规定了这种合法性,价值论和实践理性是哑的和盲的,逻辑理性必须举起火把,以照亮情感和意志领域的形式和规范"③。

通过与逻辑领域相比较,胡塞尔发现了价值论领域的一系列规则,如动机规则、排四规则。他发现伦理学领域有一个认识论领域不具有的特殊现象,价值中立现象,比如一件事情无关乎善恶、好坏。所以伦理学领域的矛盾律是排四规则,即只有好、坏、中三种情况,不存在第四种情况④。

此外,胡塞尔还制定了价值比较规则⑤,即:

其一,形式实践学的最高原则就是"做你能达到的至善"。(价值明察)

其二,较善吸收善,至善吸收所有其他善。(价值吸收规则)

其三,单独的善比善恶混杂更善,善恶混杂比单独的恶更善,任意两种善比其中一个善更善。(价值加和规则)

其四,整体价值大于部分价值的总和。(价值比较规则)

其五,我们总是偏好实践中好的行为,而不是坏的行为,总偏好价值

---

① 王国维:《王国维全集》第 14 卷,谢维扬、房鑫亮主编,杭州:浙江教育出版社,2009,第 121 页。
② 〔德〕胡塞尔:《伦理学与价值论的基本问题》,艾四林译,中国城市出版社,2002,第 44 页。译文有修订。
③ Husserl, *Hua XXVIII*, Kluwer Academic Publishers, 1988, S. 68 – 69.
④ 〔德〕胡塞尔:《伦理学与价值论的基本问题》,艾四林译,中国城市出版社,2002,第 90 页。
⑤ 〔德〕胡塞尔:《伦理学与价值论的基本问题》,艾四林译,中国城市出版社,2002,第 90—126 页。

高的而不是价值低的，总偏好至善而不是较善。（价值偏好规则）

盖格对胡塞尔的价值吸收规则提出质疑，"所有的价值都是可比较的吗"，胡塞尔记述道："他认为，价值是那种无条件要实现的绝对目的。盖格看起来认为，如果这种价值比较是可能的话，那么无条件要实现的更大价值是什么呢？他真正的意思是什么还有疑问。无论如何人们都可以提出这样的观点：存在一种价值，它属于行动人格总是应当实现的价值，它是绝对的、主题的和无条件的。"① 盖格认为，显然存在行动人格应该无条件实现的绝对应当。

胡塞尔采纳了盖格的意见，并反思了价值比较原则的问题。他指出："我把这作为一个公理确定下来，即两种价值是可比的，仅当任何一种价值相对于另一价值而言要么是较多，要么是较少，要么是相等的。但这是可疑的。人们能够说（例如盖格的观点），不是所有的价值都是可比的。因此，在布伦塔诺意义上的'最高的实践善'不是根据价值总和（Summation）规定的最高价值。"② 自布伦塔诺以来很多学者（包括舍勒③）都坚持认为价值之间有着高低大小的等级秩序，所有价值的大小都是可以比较的，价值大小通过明察自身被给予。胡塞尔对此表示了怀疑，这是胡塞尔从形式价值论转变为人格价值哲学的契机，盖格的质疑发生在 1909 年 7 月，时间上早于舍勒著作的出版。

意向性不仅在认识中与所知对象相关，而且在实践方面构成所意对象。在《纯粹现象学和现象学哲学的观念》（简称《观念 II》）中，胡塞尔指出："在这种预先被给予的对象化行为，情绪行为并不来自于理论行为，在意向性行为体验中，情绪行为自身构造，并不依附于认识行为。……作为预先被给予的意向性，价值行为同时被证明是高阶对象性，与逻辑领域的范畴对象类似。"④ 在情绪领域中，相应于感知（Wahrnehmung），还有取价（Wertnehmung）。取价相对于感知而言是更高阶的行为。"取价来自于一种普

---

① Husserl, *Hua XXVIII*, Kluwer Academic Publishers, 1988, S. 419.
② Husserl, *Hua XXVIII*, Kluwer Academic Publishers, 1988, S. 419.
③ 〔德〕舍勒：《伦理学中的形式主义与质料的价值伦理学》，倪梁康译，商务印书馆，2011，第 172—179 页。
④ 〔德〕胡塞尔：《现象学的构成研究——纯粹现象学和现象学哲学的观念》第 2 卷，李幼蒸译，中国人民大学出版社，2013，第 7—8 页。

遍原初的价值判断，作为这样的原初构造意识的每一个价值对象，在它自身中必然具有一种属于心性领域的因素。本原的价值论构造是在那种作为感受主体的前理论的欣赏投入的心性行为中进行的。"①

意志的两种基本形式即决定意志（Entschlußwille）和行动意志（Handlungswille）。"意志的这种表达功能几乎不是它将是，而是如果我想要它是的话，它就是！换句话说，意志最突出的是主动创造现实的能力，即实践上的玉成它（Es werde）。意志的设定是现实化的设定，但这里的现实化不仅仅是现成的现实，而是使之可能成为现实，使之现实的成就。只不过这是某种原本己的东西，它在意志意识的特征那里有自己的源头，也只有在那里才能被理解。"②

四 心性与人格

现象学的方法是还原，它要求自然态度的改变。我们对外物的自然态度是实在论，对于伦理学的自然态度是人格主义。通过现象学还原，我们认识意识的本质结构，而不是返回到内心或者对象上去。知觉行为是客体化行为，与之相对的是非客体化行为，即我们的本欲、情感、意愿等，它奠基于客体化行为的对象之上。通过超越论还原，胡塞尔发现了意识具有能意—所意（Noesis-Noema）相关性结构，以及意识对于所意对象的构造作用。由此非客体化行为也有自己的对象，那就是价值。在最深层次上，胡塞尔发现了原真还原，主体本己绝然的明见性，意识要区分为主题性意识和非主题性意识，后者是一种尚未被激活的意识。从人格的观点看，主体在自身负责和爱中是与他人相关的。纯粹自我在人格化的过程中会形成习性。

在手稿 E III9 中，胡塞尔还通过母爱的例子讨论价值的不可比较性，他指出，所有母亲对孩子的爱都表现为："所有孩子对于母亲来说总具有同等的价值。作为超越所有比较的个体价值，对孩子爱的价值不像享乐价值那

---

① 〔德〕胡塞尔：《现象学的构成研究——纯粹现象学和现象学哲学的观念》第 2 卷，李幼蒸译，中国人民大学出版社，2013，第 9—10 页。
② Husserl, *Hua XXVIII*, Kluwer Academic Publishers, 1988, S. 107.

样可以被吸收或者被相对化。"① 比如对于母亲来说，照看孩子和弹钢琴相比，肯定前者更有价值。因此在价值领域中，我们必须区分客体的价值与个体的、主体的爱的价值。纯粹的和真正的爱不仅是一种价值感知，而且还是出于主体最内在中心的对价值满怀着爱的拥有和选择②。"只有人格才能形成一种伦理意志，只有人格才有一种关于其整个生命的观念，即关于其过去和未来的视域概念。伦理意志就是那种改变一个人的整体生命并赋予它以新形式和目的的意志。"③

人格对责任和爱的选择也就是所谓的修养。现象学还原的方法、唯识学转识成智的止观法、阳明学的致良知工夫论都是心性的修炼法门。概言之，一方面，心性现象学的修养方法就是心性与所知、所意、所思的相合统一。心性与所意并不是自然合一的，因此需要相应的方法来去除虚妄或者说克服自然态度。另一方面，心性与所缘境界的相关性本身并不是恶的，这种相关性是心之官能。这就是孟子所谓"心之官则思，思则得之，不思则不得。心勿忘，勿助长"。传统修养论往往有"自反遗物"的缺陷，例如孟子说"学问之道无他，求其放心而已"。这是我们需要努力避免的。我们应该在明心体的同时保留性体；在认识事之本然的同时实现理之当然、为善去恶。

在佛教中，心性的修炼法门是禅定，它分为止观两个层次，止是系念一处，使我们的心平静下来，观是随时观照我们的心念及大千世界。在修止时往往是以现实的境为所缘境相，而在修观时往往是以佛陀或净土为所缘境相。也就是说，在修行过程中，心思所思的对象既可能是现实的对象，也可能是所当然的对象。实际上，这是由上述心性与所缘境相之间的相关性决定的，是心性结构对于心性修养的实际指导作用。

中国哲学特别强调修养，宋明儒学中的阳明心学尤其如此。在《良知与见闻之知》一文中，耿宁将见闻之知区分为事实性的知识和通过问学得来的道德知识。阳明对后者比较重视。他所说的良知具有两个层面的意思：

---

① Husserl, Ms. E III 9, S. XII.
② Ullrich Melle, *Edmund Husserl: from Reason to Love. Phenomenological Approaches to Moral Philosophy: a Handbook*, Springer Science, Business Media Dordrecht, 2002.
③ Husserl, Wert des Lebens. Wert der Welt, *Husserl Studies*, Vol. 13, 1997, p. 220.

一是知是非善恶，即分辨是非的道德意识；二是纯然至善的良知本体，相应于耿宁所说的后两种良知概念。耿宁认为现象学的原意识、唯识学的自证分与第二个良知概念有相同之处，但是也应该注意两者侧重点的不同，前者侧重自知，后者强调良知对心念的独知。具体在工夫论上，作为自证分之良知能够对心中的意念作见证、觉照，"凡应物起念处，皆谓之意。意则有是有非，能知得意之是与非者，则谓之良知"。这里有两层意思，一是自知，一是自照。"良知之体，皎如明镜，略无纤翳。妍媸之来，随物见形，而明镜曾无留染。"自证的维度也决定了致良知的工夫必然是知行合一的"自致其良知"。良知的第二层意思，见阳明论"信得及良知"处。"吾自南京已前，尚有乡愿意思。在今只信良知是真是真非处，更无所遮掩回护，才做得狂者。使天下尽说我行不掩言，吾亦只依良知行。""若无有物欲牵蔽，但循着良知发用流行将去，即无不是道。"由此，信得及良知在工夫上开启了阳明学的顿悟顿修工夫，"此处勘得破，方是简易透彻功夫"。也就是说，这时的良知获得了主宰和自发的能力，当然他更多的是谈良知的被触动状态（感应）①。这就与本体的天理流行境界联系起来了。

五　心性与境界

从个别的所知、所意到世界整体和价值整体，是世界观和价值观的形成过程。世界观是一个封闭的世界图景，它是对所有存在、对一切事物间秩序与联系的一种概观，首先是对人在世界中的位置，人从何处来又往何处去的概观。正如施泰因所说："每一个在精神上活着的人都在追求这样一种世界观。"② 世界观有两种论证类型：科学的世界观和宗教的世界观。但是我们应该在宗教的世界观之外加上哲学的世界观，哲学应该为我们的安身立命提供理性的指导，而不是依靠科学或宗教。胡塞尔在《欧洲科学的危机》中提到了一种自身思义、自身负责的理性的生活方式；而海德格尔

---

① 耿宁：《人生第一等事——王阳明及其后学论"致良知"》，商务印书馆，2016，第308页。
② 施泰因：《现象学的世界观意义（1930/1931）》，晏文玲译，《中国现象学与哲学评论》2017年第2期。

在《存在与时间》中也给出了作为在世界中存在的此在的愿有良知的生活方式。中国哲学更是在安身立命上有一套"极高明而道中庸"的世界观。下面我们结合心性现象学的结构，简单阐明以下中国人看待世界的方式，或者说我们的境界哲学。

上文提到"境界"概念，既不出于儒家，也不出于道家，而是出于佛家。境是对识而言的，境界是对智慧而言的。中国人认为人格修养的最高程度即"圣人"境界。通过修身实现天道，就是天人合一的境界，就是圣人境界。天道是人性的根本来源，人道在合乎天道上实现超越，从而进入"天地与我并生，万物与我为一"① 的精神境界。其最高体验是乐，道家称为至乐，儒家称为孔颜之乐，佛家称为极乐。王阳明说"乐是心之本体"，就是一种境界表述。

显然，人格境界所关涉的并不是个别对象，而是整个世界。在境界中我们关注的不是个别行为，而是人格自我的完善。例如，冯友兰在"人生的意义与境界"中提出了人生的四境界：自然境界；功利境界；道德境界；天地境界②。

从境界上来说，"智境"也就是"心境"。但这里不能只说"心"，必须连带说"境"。心境需要圆融统一。由此，我们发现冯友兰的境界说与舍勒的价值层级秩序说有内在的一致性，因为境界显然是心性的所缘之境，心性与境界之间具有相关性。

我们可以将所缘之境分为四个层级，相应地我们的心性也就有四种态度。而所缘之境与现实的环境之间具有结构上的同构性，境界与环境都是心性活动于其中的境，只不过一个是现实的境，另一个是所当然的境。两者的圆融统一是物质与精神和谐统一的完美状态。因此，我们在追求境界的同时也应该通过实践改造周围的环境，而且不能简单地将环境理解为周围的事物的集合。"青青翠竹皆是法身，郁郁黄花莫非般若。"绿水青山不仅是绿水青山，更是我们的生活世界的一部分，我们的精神世界就要建基于这个环境之上。

---

① 儒释道三家都有表达天人合一的方式，僧肇的《肇论》有："天地与我同根，万物与我一体。"儒家的表述是："仁者以天地万物为一体。"
② 冯友兰:《冯友兰学术文化随笔》，中国青年出版社，1996。

从境界上讲天人合一，也就是天道与人道的完美结合。这就要求我们的心与意合、意与志合、志与境合、境与心合。心、意、志、境合而为一是为精神生活的圆融状态。换言之，在感性层面达到乐，在理性层面达到善，在意愿层面达到美，在境界层面达到和。概言之，即所谓感性之乐、理性之善、意志之美、境界之和。这或是《中庸》所讲"致中和"之境界，张载所谓"太和"吧。

【执行编辑：刘冰】

刍议马克思主义哲学价值定义之争

刘芷如[*]

【摘　要】 马克思主义哲学价值定义作为马克思主义价值哲学的理论基石与逻辑起点，已成为我国价值哲学学术界研究的热点之一。自改革开放以来，马克思主义哲学价值定义的争论就从未停止过。本文选取了马克思主义哲学价值定义争论的几种主要观点进行综述，论者都认为马克思具有自己的价值哲学，但因文本解读的角度不同、个人的洞见体悟不同等原因，而对马克思主义哲学价值定义有着自己的理解，因此学术争鸣也就在情理之中。面对争议颇多的哲学价值定义，在此略呈管见，以求教于学术界前辈。

【关键词】 价值哲学；需要；主客体关系；单极思维；主观；客观

马克思主义价值哲学是在新中国成立之后伴随着思想解放运动和实践标准的讨论而兴起的，随着讨论的深入，思想解放运动中的"两个凡是"教条主义被打破，在这场思想解放运动中，哲学家们将批判与反思发挥到极致，并成为这场思想解放运动的排头兵。当人们还停留在对实践标准最高权威的确立时，哲学家们已经开始反思和挖掘造成教条主义及"实践是

---

[*] 刘芷如，新疆师范大学马克思主义学院，主要研究方向为哲学价值论。

检验真理的唯一标准"这一基本原理被遗忘甚至被违背的根本原因，反思长期以来人们的价值理念和取向，反思人的尊严与需要在这段时期被轻视甚至被践踏的根本原因。痛定思痛，发现许多国内外的思考与解答，包括未来中国社会发展的道路与目标，都离不开科学社会主义价值哲学。而我们过去作为指导思想的理论基础是马克思主义哲学，其最缺乏的就是人的价值和尊严等内容。经过认真的反思及梳理，发现当时人们的价值理念及取向是受苏联"正统"马克思主义哲学教科书的影响，其体系存在着重大缺陷。它的缺陷之一就在于主体性维度的缺失，这也是旧的哲学解释体系的根本缺陷，更是马克思主义哲学的本性失落。在世界范围的现代化的进程中，各国间的竞争，归根到底也是人才的竞争，尤其是包括中国在内的后发国家现代化进程的教训和经验，都告诉人们应当把人的现代化放到首位，因而在哲学上也要使主体性维度的地位凸显出来。现代化是一种新的生活方式，它就必然会要求有与之相匹配、相适应的思想观念。而这种思想观念的核心就是人——哲学中所谓主体性的东西。

马克思并未对哲学上的价值下过经典的定义，所以马克思主义哲学价值的定义之争一直存在。目前马克思主义哲学主流价值定义如下："某种事物或现象具有价值，就是该事物或现象对个人、阶级或社会具有积极的意义，能满足人们的某种需要，成为人们的兴趣、目的所追求的对象。"① "从哲学的视角看，所谓'价值'，就是指主客体之间的一种特定的关系，即主体与客体之间的意义关系。"② "价值是为人的，是人认识所应把握的特定关系，同时也是指引人们从事实践活动的动力因素和内在尺度。"③ "价值"这一哲学概念的内容，主要是表达人类生活中一种普遍的关系，就是客体的存在、属性和变化对于主体人的意义等。从上述大同小异的表述中，不难看出当前马克思主义哲学主流价值定义中的三个关键点——"需要""主客体关系""客体对于主体的意义"。

---

① 杨耕：《关于马克思价值理论的再思考》，《江汉论坛》2018年第11期。
② 李德顺：《价值论——一种主体性的研究》第3版，中国人民大学出版社，2020，第6页。
③ 李秀林、王于、李淮春：《辩证唯物主义和历史唯物主义原理》第5版，中国人民大学出版社，2004，第304页。

对马克思主义哲学主流价值定义提出质疑的学者认为：其一，用满足需要论界定哲学价值，是一种唯主体论的单极思维，还是一种把事实与价值混淆的做法，满足需要是事实，但不是价值，事实无善恶，而价值则有。其二，价值哲学有实践的价值哲学和理论的价值哲学，我国马克思主义主流价值哲学的学者虽然主观上将价值哲学确立为实践的价值哲学，但实际上是一种唯主体论的单极思维，忽视了客体的作用，将国内马克思主义主流价值哲学陷入了理论的价值哲学。其三，以满足需要去定义马克思主义哲学价值，其本质就是使用价值，这是将马克思主义哲学价值功利化，把马克思主义价值哲学庸俗化。其四，需要有主观的和客观的，有生理需要和心理需要，即便承认这些需要都是有一定的客观基础的，但是这些需要并非都是合理正当的，如奢侈品的需要，这就是马克思所说的畸形需要。因而用满足需要论定义哲学价值，是有害于青少年价值观的形成的。其五，马克思主义主流价值哲学应该运用科学的指导观，落实邓小平的实事求是的思想，运用关系思维，克服唯主体论的单极思维，去研究价值的本质问题，才能使马克思主义价值哲学走出困境，真正走向繁荣。其六，"客体对于主体的意义"其实就是"满足主体的需要"，是事物对人的使用价值。而使用价值是不能够解释人道价值的，比如人的生命、尊严等。质疑马克思主义哲学主流价值定义的学者提出应在"重要性"上把握价值，并称之为广义的价值。

一　马克思主义哲学价值定义之争缘起

"价值"一词，常常高频率地出现在我们的生活中，上自耄耋老人，下至刚刚入小学的稚嫩儿童都知道"价值"一词，但是当被问到什么是"价值"时，大家最常见的回答就是"有用"。这样的回答，似乎多少缺少了些学术上的严谨及哲学的味道。

马克思只是在经济学领域对"价值"下过明确的经典的定义，但在马克思的所有著作中都蕴涵着哲学的价值。可以说马克思主义哲学自诞生之日起，就有着鲜明的价值立场与价值目标等。如宾克莱所说："把马克思当作一个哲学家、预言家或一个新现世宗教的创始人，或者甚至当作一个'价值立法者'（借用尼采的说法），我们可以对马克思的重要性认识得更清楚一些。"①

马克思主义价值哲学的发展之路是曲折的,究其原因如下:其一,是因为形成时间较晚,而且总是以潜台词的方式出现在作品中,所以造成了没有权威定义,没有参照,争论一直存在。其二,是社会政治因素,如阶级斗争,政治和意识形态的对立,导致站在对立面立场的学者提出问题或者学说都抱着警惕的态度或者一律拒斥。因此马克思主义价值哲学的研究也因这些非学术性的社会因素影响而遭到了顽固的阻碍,如 20 世纪五六十年代的苏联,对一度兴起的价值哲学,就一直持批判态度,直到 80 年代中期苏联的哲学词典对哲学价值的定义,还是"资产阶级的唯心主义哲学理论"。其三,传统哲学体系及其思维方式对价值哲学的"不可容纳性"。传统哲学是以客体至上,而国内外占据支配地位的价值哲学却是一种主体性研究,客体的某一属性能够满足人的需要,才具有价值,可以说价值问题就是要以人的主体地位和作用为核心,因而旧的哲学体系不能够接纳它,即便理解也感受到了问题的重要性,但受限于旧的哲学知识背景及思维方式而无法去解释它。

在中国,马克思主义价值哲学的发展也并非是一帆风顺的,就遇到过如"话语统一"的问题:作为马克思主义哲学的一个分支,其"价值"定义是否应该和马克思主义政治经济学中的"价值"定义相统一,并为保持"话语统一"问题而提出解决方案?方案一:在马克思主义政治经济学中去寻找有关马克思对于价值的定义,但是很遗憾,翻阅通篇巨作,也只找到了马克思关于"价值一般"说的一段话,但这段话也并非马克思所说,而是马克思为批驳瓦格纳而转引瓦格纳原文的一段话,原文如下:"同是这位瓦格纳赞同地引证劳的话说:'为了避免误解,必须确定,价值一般指的是什么,按照德语的用法,这应该是指使用价值。'"② 方案二:用马克思主义政治经济学中的"价值"规定价值哲学中的"价值"定义,这其中,无论是使用价值,还是劳动价值等,都属于经济学范畴,虽然马克思本人曾说"作为使用价值的使用价值,不属于政治经济学范围"③。说明使用价值已经超出了经济学的范畴意义,但将它套用在人的身上似乎也是不合适的。

---

① 宾克莱:《理想的冲突》,马元德等译,商务印书馆,1983,第 96 页。
② 《马克思恩格斯全集》第 19 卷,人民出版社,1974,第 404 页。
③ 《马克思恩格斯全集》第 31 卷,人民出版社,1998,第 420 页。

而劳动价值,强调"劳动和奉献",意向很好,但在学理上却相去甚远,显然也是不合适的。方案三:另辟蹊径,从前两种方案中吸取教训和经验,完全抛开马克思的经济学价值,而是从人文关怀等角度重新厘定价值哲学中价值的定义。但从现实研究价值哲学的角度来说,价值哲学是一门以人为主体的哲学学说,它会涉及方方面面,所以把它和马克思主义政治经济学中的价值割裂甚至对立起来,也是不合适的。

西方创立、研究价值哲学百年有余,但价值哲学的发展有很长一段时间处于困顿、甚至停滞不前的状态,究其原因,是多方面的。相比之下,中国马克思主义价值哲学起步晚但发展迅速。从不被理解到"价值"一词出现在官方文件中,足以见证中国价值哲学的兴起与繁荣。通过阅读马克思主义发展史,特别是《1844年经济学哲学手稿》与《关于费尔巴哈的提纲》中,可以看出马克思和恩格斯生活的年代,价值哲学还处于酝酿时期,而当时马克思和恩格斯的工作重点在于论证《共产党宣言》的科学性,以及在马克思去世后,恩格斯的主要精力也主要是放在了整理出版马克思的遗稿《资本论》上了。这就造成了马克思和恩格斯不可能有时间及精力去思考价值哲学,自然而然,他们就不可能对哲学上的价值去下经典的定义,哲学上的"价值"定义之争也就在情理之中。

二 马克思主义哲学主流价值定义

当前马克思主义哲学主流价值定义主要从"需要""主客体关系"和"客体对于主体的意义"这三个关键点上把握哲学价值。论证如下:其一,不能认为马克思在政治经济学中的"价值"只能代表其经济学范畴,马克思曾特地研究过"价值"一词的词源及其在不同语言中的含义。特别是如德语里的Wert和Wurde,在哥特语里就表示估价,以及不同的用法其含义也会不同。所以马克思曾说:"所有这一切同'价值'这个经济范畴毫无共同之点,就像同化学元素的原子价(原子论)或化学的当量或同价(化学元素的化合量)毫无共同点一样。"[1] 而且,马克思和恩格斯也曾多次在不同

---

[1] 《马克思恩格斯全集》第19卷,人民出版社,1974,第417页。

场合运用过非经济"价值"的概念。通过这些背景资料，可以合乎逻辑地推断出，马克思是有可能否认理论上的"价值一般"。其二，在马克思的政治经济学中，"价值"和"使用价值"作为商品的二重属性，是彼此并立的，不能通过字面意思，用哲学上的"一般"和"特殊"看待。但是当"价值"的定义超出经济学范畴，马克思说"使用价值表示物和人之间的自然关系，实际上是表示物为人而存在"①，以及"这种语言上的名称，只是作为概念反映出那种通过不断重复的活动变成经验的东西，也就是反映出，一定的外物是为了满足已经生活在一定的社会联系中的人……的需要服务的"②。以此为依据，而考察出马克思对于价值的立场和出发点，并得出马克思对于经济学范畴以外的"价值"界定、"主客体关系"及"物为人而存在"。其三，马克思主义哲学主流价值定义的学者认为，在全面和广泛地理解了马克思主义思想后，可以发现马克思的商品价值与价值哲学中的"价值"有内在一致性和联系。因为在马克思的整个完整理论体系中，"使用价值"就是哲学上"价值一般"的原型。

马克思主义哲学主流价值定义中，主体是人，而客体即指人实践着的事物。主客体关系，是人在实践中生成的。主客体关系中，有时人也可能是客体，比如人与人的关系，相对主体来说，作用对象的人就是客体。一物之所以有价值，是因为它的某一属性满足了人的需要。"一物之所以是使用价值，因而对人来说是财富的要素，正是由于它本身的属性。如果去掉使葡萄成为葡萄的那些属性，那么它作为葡萄对人的使用价值就消失了。"③事物的价值等级也不是天然就有的，而是以人的尺度排列的。所谓瑞雪兆丰年、天灾及空气污染等，客观事物本身没有好坏之分，好与坏都是相对于人而言的。马克思曾经就有三个著名论断：一是"贩卖矿物的商人只看到矿物的商业价值，而看不到矿物的美和特性"；二是"忧心忡忡的穷人甚至对最美丽的景色都没有什么感觉"；三是"对于没有音乐感的耳朵来说，最美的音乐也毫无意义"。④在这里，矿物、景色、音乐等本身是没有

---

① 《马克思恩格斯全集》第35卷，人民出版社，2013，第277页。
② 《马克思恩格斯全集》第19卷，人民出版社，1974，第405页。
③ 《马克思恩格斯全集》第35卷，人民出版社，2013，第138页。
④ 《马克思恩格斯全集》第42卷，人民出版社，1979，第126页。

好坏之分,有用与没用的,都是主体对客观事物的价值判断;并且主体不同,需要不同,需要的满足程度也不同,而这些都取决于主体在社会关系中的地位。"我们的需要和享受是由社会产生的;因此,我们衡量需要和享受时是以社会为尺度,而不是以满足它们的物品为尺度的。"①

三 对马克思主义哲学主流价值定义的质疑

质疑马克思主义哲学主流价值定义的学者,提出如下观点:其一,主客体关系中,价值并非只决定于主体,但要满足人的需要,对人有用,其价值侧重点就是有用性,那么引用马克思对使用价值的观点,"种种商品体,是自然物质和劳动这两种要素的结合"。"人在生产中只能像自然本身那样发挥作用,就是说,只能改变物质的形态。不仅如此,他在这种改变形态的劳动中还要经常依靠自然力的帮助。因此,劳动并不是它所生产的使用价值即物质财富的唯一源泉。正像威廉·配第所说,劳动是财富之父,土地是财富之母。"②而且马克思在《哥达纲领批判》中也说过:"劳动不是一切财富的源泉。自然界同劳动一样也是使用价值(而物质财富就是由使用价值构成的!)的源泉,劳动本身不过是一种自然力即人的劳动力的表现。"③从上述论述中可以明确看出马克思的观点,劳动和自然界都是使用价值的源泉。因而,目前在国内占主导地位的哲学价值定义中的"主客体关系"是单单以主体界定价值的,这是一种片面的、唯主体论的单极思维。价值哲学中的主客体关系应是相互作用而形成的,这样才是科学全面地看待价值哲学。其二,满足需求不等于价值,早在20世纪20年代杜威就曾对此作过批判。而且,满足需要论在理论上不科学,因为主体的需要并非都是客观的、理性的,也有主观的,且往往与欲望掺杂在一起因而有害于实践。其三,满足需要是事实,事实没有善恶的区分,而满足需要的价值则是善的,因而混淆了事实与价值。其四,满足需要论在我国能够一直占主导地位,并被写进高校教科书,这是一种出自人本能的反应,因为生物都

---

① 《马克思恩格斯选集》第1卷,人民出版社,2012,第345页。
② 《马克思恩格斯全集》第43卷,人民出版社,2016,第34页。
③ 《马克思恩格斯选集》第3卷,人民出版社,2012,第357页。

有趋利避害、趋乐避苦的本能，人也不例外。能够满足主体的需要及欲望就有价值，不能满足需要则没有价值甚至是负价值，这是一种从本能出发的反应，是自发反应，也符合现下大多数人的心态，并且形成一种自发的思维定式，因而同意这种观点的人很多，这也是主体满足需要论的哲学价值定义长期占据我国主导地位的原因。

总而言之，满足需要会使人产生快乐，但需要有主观需要与客观需要，客观需要指衣、食、住、行等。主观需要指个人的精神需要，实质上是西方伦理学中的快乐主义思想，在西方被公认为是主观主义价值哲学。我国哲学领域持主流价值定义的学者在主观上是想坚持价值客观性的。但他们提出的论据是对马克思、恩格斯思想及著作的误解；他们提出的需要论据都是主观的，自然他们对价值的定义也就是主观的。满足需要论是西方哲学家早已提出过的观点，他们认为善的本质就是满足需要。价值哲学奠基人文德尔班为此也曾发表过观点，他认为每种价值首先意味着满足需要，或引起主体自身某种快感的东西。这种观点早就被西方公认为主观主义价值哲学。

还有学者从价值的另一角度进行了考证，认为马克思主义哲学主流价值定义中的"客体对于主体的意义"，其实质就是"使用价值"，是事物能够为人所用而具有的价值，并引用马克思"物的有用性使物成为使用价值"①的原话作为依据。由此可见，物的使用价值越大其包含的有用性也就越大。那么在辨析是否是使用价值的含义时，只需要看物是否对人有用。事物的有用性就是为了满足人的需要；而人的需要，不仅包括物质需要，还有精神需要、法律需要，等等。按照马克思在政治经济学中表述的需要，主要是指物的需要，特别是指商品的使用价值。而哲学上的价值并非单一的指物的使用价值，如人对教育资源、法律的需要等，而这些，作为抽象的概念，并不直接表现为事物对人的使用价值，所以哲学上的"价值"定义，就不能仅仅是事物对人的使用价值，而应定位在更广泛的含义上。因为并不是所有需要都是使用价值，例如人的生命有价值，但生命的价值却并不能被定义在"有用"的含义上；人的尊严也具有价值，但可以说

---

① 《马克思恩格斯全集》第43卷，人民出版社，2016，第24页。

它对人具有使用价值吗？显然是不可以的。使用价值是指那些作为条件、方法以及路径等手段来达到人的目的需要所具有的价值，也可以说是手段价值的使用价值。但生命和尊严本就是人的一部分，它们不是人之外的物品，因而不能说通过它们可以达到其他目的，因此只能说生命、尊严等具有目的价值，运用其他手段价值，满足人的生命及尊严的需要。有种似是而非的说法：人的生命就是满足人对生命的需要，人的尊严就是满足人对尊严的需要。这样的说法似乎生命和尊严也可以作为手段价值。但其实人真正需要的是维持生命的物质以及维护尊严的条件，有了这些物质或条件，生命和尊严的需要才可以得到满足。这里用来满足生命和尊严需要的事物，才具有使用价值。因此国内对马克思主义哲学主流价值定义持不同意见的学者提出，应在"重要"的含义上把握价值，并称之为广义价值。在哲学价值中，凡是对人有重要性的，都具有价值，而不仅仅局限于事物对人的使用性、事物的使用价值。

四　马克思主义哲学价值定义之争的意义

中国马克思主义价值哲学是中国社会一定时期内，哲学家对现实社会实践的深刻洞见及人生经验的独特体悟，是对已有文明成果的深刻反思，是从马克思丰富的理论宝库中，后人发展出的一门年轻分支学科。因为解读文本的角度不同，个人洞见及体悟也不同，学术争鸣在所难免，而且未来随着社会不断发展，科技技术等不断进步，哲学上百家争鸣的趋势也会越来越明显。

第一，主体的需要具有客观性。首先，在马克思看来，需要是人对物质生活资料和精神生活条件的依赖关系的自觉反映。需要是一个关系范畴，是主客体共同作用、相互依赖互为前提确证的概念。将物质生活条件及精神生活条件看作是人外在的赖以生存及发展的外在物，离开外在物，人的需要也就无从谈起，人就犹如无源之水、无本之木，没有指向，更没有了存在的意义。相反，如果人没有了需要，客体及其属性也就同样失去了意义，需要这个概念也就化为了虚无。因而需要是人生存发展的内在规定性，是客体的属性具有满足人的需要的意义关系。其次，马克思在《德意志意识形态》中写道："他们的需要即他们的本性"①。需要即人性，是人与生俱来的，是先天的而非后天习得的。人生来就有吃、喝等的需要来维持人生命的需要，这是人的自然属性。当然人的需要不仅如此，人还有文化、经济以及尊重、爱与被爱等的社会生存需要，这是人的社会属性。需要作为原驱力驱使人们认识并实践，将定在的客观世界努力改造成人的理想世界。因而建立共产主义社会只是社会发展的一个必然阶段。实现每个人的全面而自由的发展，是人的最终目的及最高需要，也是马克思主义哲学的主题，是马克思的最高价值诉求。综上所述，需要是人因自身生存发展需要而以主观的形式表现出的对外部环境的关系需要，需要即人性，人的本性的客观性决定了主体需要的客观性。因此马克思主义哲学主流价值定义用需要满足论去定义哲学价值，是科学的，也是契合马克思主义哲学主题与最高价值诉求的。

第二，主客体关系是在实践中形成的，在实践中人们认识事物，掌握事物的内部规律，从而形成理论指导实践，以达到满足需要而改造世界的目的。实践使世界二重化，分化为人化世界和自在世界，主体客体化与客体主体化是实践中生成的双向运动过程，同时也在实践中实现价值关系的双向建构，主体通过一定的工具和手段改造客体，同时客体又会反作用于主体，使主体的认识进一步加深。故而马克思主义哲学主流价值定义本身就是从实践结果出发去理解价值的本质。

第三，马克思主义价值哲学的科学实践观，追求的不是实践活动中的主体与客体的对立与分离，而是人们通过认识根据客体属性在改造理想世界的过程中，实现主体与客体、人的目的与手段等的高度统一。马克思和恩格斯曾说："任何人类历史的第一个前提无疑是有生命的个人存在。"② 生命、尊严、自由等对主体具有自我价值，而人的自我价值也是主体价值的一个方面；生命是人的价值的物质基础，生命的存在（只要不危害人类利益）对人类就有价值，对人类社会的发展就有社会价值，也是人类社会得以生存、发展、延续的前提。尊严与自由等也是作为主体的基本要素的社会价值，也就是人的主体价值。在主客体关系中，人既是主体又是客体，

---

① 《马克思恩格斯全集》第 42 卷，人民出版社，1979，第 514 页。
② 《马克思恩格斯选集》第 1 卷，人民出版社，2012，第 146 页。

是手段与目的的统一。因而用"客体对于主体的意义"也就是主客体关系定义价值,是可以解释人的生命价值及人的尊严价值的。

第四,中国马克思主义价值哲学是因为中国社会的内源性因素而兴起与繁荣的,翻译翻阅研究国外价值哲学思想还是比较后来的事情,因此中国马克思主义价值哲学是不同于西方任何一个价值哲学派别的,它是立足于现实,依据中国国情而建立的。所以用西方价值哲学学者的观点来判定中国马克思主义哲学价值定义是一种单级思维,显然是不合理的。此外,经过中国学者长期的实践探索,占主导地位的马克思主义哲学价值的主体性,绝非认识论意义上的主体性,而是实践论意义上的主体性。

第五,对马克思主义哲学主流价值定义提出质疑的观点中认为:满足需要即为善,而需要并非都是理性的、客观的。用马克思在《资本论》中的观点来论证,资本家欲望的无限膨胀,生产奢侈品刺激人类畸形的消费。由此可以看出,人的需要并非都是健康的、客观的。所以单单以主体来界定价值,是混淆了事实与价值。笔者为此查阅了大量文献,认为事实是客观的,事实无善恶。在判定客观事物是否有价值时,本身就站在了主体的角度。普罗塔哥拉曾说:"人是万物的尺度,是存在的事物存在的尺度,也是不存在的事物不存在的尺度。"[①] 虽然在普罗塔哥拉生活的年代,这不是一个价值命题,而是一个从哲学本体论角度提出的命题,但也从侧面说明了,客观事物本身没有好坏,而是以人的尺度对世界万事万物进行了价值排序。以环境为例,自然就是自然,因为有了人且对其加以改造,自然对于人而言就是环境。自然中的昆虫就只是昆虫,但是因为有了人,根据人的喜好与利害,对其加以看待或评价才有了益虫与害虫之分。所以事实就是事实,当人们在评价事物本身时,就站在了主体的立场上去衡量,带上了主观的色彩去评价。在此意义上,可以说马克思主义哲学主流价值定义的主体性思维,并没有混淆事实与价值。

最后,学术争论是一种学术交流,是通往真理的必经之路。翻阅学术史,学术争论是活跃学术气氛、自觉反思与研究深化的一种表现,也是促进科学繁荣的重要一环。争论明理,理不辩不明,学术争论是判别"真科

[①] 北京大学哲学系外国哲学史教研室:《古希腊罗马哲学》,生活·读书·新知三联书店,1957,第125页。

学"与"伪科学"的重要手段，同时也是国际所认可的学术判断与评价的公正方式。运用马克思主义辩证唯物主义哲学的解释，哲学价值定义的争论是哲学学术界内部的矛盾，对立中又包含着统一，在同一性与斗争性中共同推动着价值哲学的发展。相信未来随着主体实践的不断深入，科学技术的进一步发展，人们的认识也必将更加深入，人们对哲学价值定义的认识也会更加深入。

【执行编辑：赵柯】

评价论研究

Research on Evaluation Theory

接受的哲学反思*

尹 岩**

【摘　要】 接受是人的存在方式的有机内容，对人的存在和发展具有重要意义，因而是哲学关注的对象。接受应该被理解为人对自己、他人、社会以及周围各种事物的接收、认可和认同；接受在本质上是人的一种现实需要和具有价值特性的活动，更是人适应环境实现自身存在和发展的表现。接受具有主体性和客体性二重属性，是主体尺度和客体尺度的统一。主体尺度是接受活动的动力和依据，客体尺度是接受活动的基础和界限，两者统一于主体自身。

【关键词】 接受；存在方式；主体尺度；客体尺度

接受是人类特有的社会历史现象和认识活动及其内容，人所有的对象性行动，都带有接受的性质和特征，在一定意义上说，人是一种接受性存在，通过接受实现自身的生存和发展。人的所有接受活动，既有人的主体能动性作用，也是在对象世界、生活环境的必然性中，与现实达成妥协的过程，因而，接受是哲学应该关注的对象。

---

* 本文是全国哲学社会科学规划办公室专项课题"社会主义核心价值观融入大中小学思政课一体化研究"（项目编号：19VSZ046）的阶段性成果。

** 上海大学社会科学学部（筹）哲学系副教授，主要研究方向为价值哲学。

一 接受的本质

在日常汉语言中,接受是一个意义广泛的动词,有"承受""听从""采纳""收受""容纳""吸纳""吸取"等等之意,如:接受安排(承受、听从),接受新思想(采纳),接受礼物(收受),接受某人为成员,接受教育(吸纳),接受教训(吸取)。从上面的多重意义中可以看出接受的总体性质是"容纳而不拒绝",包括三个方面的内涵:一是接收,如承受、收受、容纳;二是认可,如采纳、听从;三是认同,如接纳、吸取。接受总是指向对象的,这些对象与接受者直接或间接地发生着某种关系,因此,接受可以理解为人对自己、他人、社会以及周围各种事物的接收、认可和认同。这在不同学科关于"接受"的理解中体现出来:伦理学认为,接受指的是人们从道德情感立场对信念保持一种开放、认可的态度;教育学的教化理论认为,接受是"主体(即受教育者)在外界环境影响下,尤其是在教育的控制下,选择和摄取思想教育信息的一种能动活动",即"对社会有控影响的积极反应"[①];文学的诠释理论从阅读活动的消费特征上,认为接受是文学作品在读者与作者的经验交往中,在读者的阐释中实现其历史生命以及读者以其审美经验发掘作品意义的过程;心理学的学习理论把接受理解为学习主体获得别人已有经验(间接经验)、与已有的认知结构相结合的过程;传播学从信息传播的角度,认为接受是信息传播者把信息内容编码成为各种符号,通过信道和传播方式把信息传播开来,信息接收者对接收的符号进行译码、理解、内化信息内容的过程;社会学认为,接受是角色期待向角色承担者的转化,或社会化过程中个体对角色期待的积极回应。从接受的内涵可以看出,接受具有三个本质特性。

(一)接受是现实的人的一种现实的基本需要

接受是现实的人的一种现实的基本需要,人通过这种需要的满足实现自身与他人的双重价值。人的生存和发展依赖外部世界及其自身活动,而

---

① 邱柏生主编:《思想教育接受学》,山西人民出版社,1992,第3页。

且这表明人是具有多种需要并通过自身的活动满足种种需要的存在。人以一定的方式从事一定的生产和生活活动，发生一定的自然关系和社会关系，从中获得自然和社会的规定性，必然包含对自身状况和外部世界的接受。接受意味着人服从外部世界对于人自身的规定和限制，认同自己是或成为某种意义上的人。人的任何满足自身需要的活动，总是受到外部世界和自身状况的规定和限制，因此，为了达到某种目的，不得不接受自身和外部世界，这是由人的存在方式决定的。人的存在和发展本身是人与外部世界，从而与自身肯定性的对象性关系的建立过程，意味着自在世界向"为我而在"的价值世界的转化，在这个过程中，人利用和改造了对象世界，确立了外部世界在自身生存发展中的地位和作用，使自己生存于世，这一内容本身内含着人对自己、对外部世界的接受。人的一切有目的的对象性活动不仅包含着接受，而且还包含着以接受为直接目的的自觉活动。这意味着，人们懂得其需要的满足依赖自然的、社会的和自身的条件，必须通过适应、妥协和让步才能得以实现。正是通过接受，人才成为世界的一部分，成为人类的一部分，才成为人自己，才对自身、他人和社会产生意义，从而实现自我价值和社会价值，成为一个现实的人。

（二）接受是一种特殊的价值活动

价值即客体的存在、属性和变化对于主体人的意义，"它代表着客体主体化过程的性质和程度，即客体的存在、属性和合乎规律的变化与主体尺度相一致、相符合或相接近的性质和程度"[①]。接受具有价值的一般本质。接受是接受者在与各种事物、他人的互动关系中，向着对方发生转化的过程，在本质上是社会、群体、个人被社会、他人、环境所同化，并由此发生某种改变。接受无论为何种内容和何种形式，都需经由接受者的"同意"，没有同意，就没有接受，因而意味着与接受者的某种现实需要的满足或对这种需要满足的预期相关、对接受者产生意义，因此，是一种价值活动。接受是接受者与周围世界建立对象性关系，与接受对象相互作用的过程，总会产生一定的价值关系和价值后果。在接受活动中，接受者总是根据自己的需要掌握、

---

① 李德顺：《价值论》，中国人民大学出版社，2007，第 79 页。

占有接受对象，接受者和接受对象的相互作用中，存在着接受者按照其需要对接受对象进行选择、利用、占有的关系，或接受对象的属性、功能对接受者的需要满足和实现的价值关系，这种价值关系运动的结果就是体现在接受者身上的价值事实，即接受对象给接受者造成的客观后果。

（三）接受是人通过自我否定而实现的自我改造

人在接受某种事物之前是一个确定性存在，当一个人想要接受一个事物时，无论他是否意识到，在事实上他都已经认定了自己是某种人或不是某种人，而接受行为的发生是他对自己从前"所是"的一种否定，是自我的某种对象化、外化。接受就是接受者接受外部世界对于自身的规定，是接受者对于世界的某种适应或妥协和对现实的认可。对于接受者而言，在与接受对象的相互作用中，总有一些新的意识产生，新的关系形成和发展。接受总能在一定程度和一定范围内引起接受者的心理结构、思想方式、认知内容以及身份、角色的变化，使之改变或产生新的自我意识和行为方式，因此，当接受行为实现的时候，接受者在事实上实现了对于自身的某种程度的改造，而成为新的"所是"和"所不是"，例如，接受教育使人成为一个文明的人，接受知识使人成为一个有知识的人，接受他人使人成为一个宽容的人、一个进入了他人生活的人，接受某种道德使人成为一个有某种社会规则的人。接受对象的过程是接受者根据自己的需要，通过与接受对象建立对象性关系，依自身的状况而使自己发生某种变化，这种变化的结果他是知道的，而且体现了他的意志和现实能力，因此，接受是人通过自我否定实现的自我改造。

二 接受的基本结构

接受作为人的有意识有目的的活动以及对于自身的改造，是通过一定的系统结构实现的，接受的性质和特征根源于接受的基本结构。接受的结构即接受活动的诸要素在相互联系和相互作用中形成的比较稳定的结合方式。接受作为人的有目的的对象性活动，是接受主体和接受客体之间的相互作用，这种相互作用必须借助于一定的手段——接受中介才能实现。具体来说，接受主体、接受客体和接受中介是接受活动的基本要素，三者的相互关系构成接受的基本结构。

（一）接受主体

接受主体即接受活动的行为者，在接受活动中与接受对象建立和推进对象性关系中具有自我意志、行为自主的特点，对接受或不接受的价值后果具有一定认知能力，对接受活动的形成及其诸要素的结合方式起主导作用的现实的人。因此，不是任何人都能成为接受主体的，只有那些处于对象性关系中，具备了与接受客体相适应的理解能力和价值判断能力、情感体验能力的现实的人才能成为接受主体。而且，接受主体的身心特点、社会地位、现实需要等影响着接受的水平。在人与物的关系中，接受主体作为现实的存在作用于接受对象，是单一的主体。但是，在社会历史领域，在人与人之间的关系中，接受主体同时也是某种对象性关系的客体。比如，一个人接受学校教育，相对于学校教育的内容，他是接受的主体，但他同时又是教育活动的客体，正是由于他是教育活动的客体，他才有可能成为接受教育的主体，也就是说，接受主体不仅面对接受客体，而且要面对另外一个主体，与之形成主体间的关系。

（二）接受客体

接受客体即接受主体所接受的对象。接受客体在可能性上，是一切与接受主体建立了对象性关系的事物，在现实性上，只有那些被接受主体接受的事物才是接受客体。接受对象既包括接受者所面对的各种外部事物，也包括接受者自身的各种内容。同样在社会历史领域，接受客体往往联系着他人、群体和社会，或者是它们本身，或者是与它们的相关存在、关系、意识等。外在于接受主体的事物要成为接受客体，前提是与接受主体处于对象性关系中并且对接受主体产生某种肯定的价值。

（三）接受中介

接受中介即把接受主体和接受客体联系起来的媒介，即接受主体借以接受客体的手段、方式和方法的总和。接受中介是多种多样的，包括各种事物、人以及人的活动、媒体等，也可以是某种载体，在总体上分为物质性中介和精神性中介。接受中介依据接受主体和接受客体的不同而不同，不同的中介产生不同的接受效果，相同的中介对于不同的接受活动会产生不同的效果，而不同的中介对于不同的接受活动也可能产生相同的接受效果，这意味着中介对于接受活动的作用是极为重要的。

三 接受的基本属性

接受主体对接受客体的接受是接受结构的现实展开，即接受主体通过接受中介对接受客体的能动的接纳、认可和认同的过程，接受的基本属性反映接受的本质和特性，因而分析接受的基本属性，有助于我们理解接受的本质和特性。

（一）接受具有主体性

"主体性是对象性行为中主体的权利和责任"[①]，接受与人的适应相关，接受主体通常带有一定程度的被动性，但接受是通过接受主体的能动行为才发生的，这种特点在文学作品的欣赏活动中尤其突出地表现出来。姚斯指出："在这个作者、作品与大众的三角形中，大众并不是被动的部分，并不仅仅作为一种反应，相反，它自身就是历史的一个能动的构成。一部文学作品的历史生命如果没有接受者积极的参与是不可思议的。因为只有通过读者的传递过程，作品才进入一种连续性变化的经验视野。"[②]《接受美学与接受理论》的"出版者前言"中提出："由于接受美学将读者对本文的具体化纳入到文学作品的构成要素之中去，所以它必然不能如一般文艺理论那样只承认读者对作品的被动接受，而必然承认读者的能动创造，并给这种创造以充分而广阔的自由天地。在接受美学看来，读者对本文的接受过程就是对本文的再创造过程，也是文学作品得以真正实现的过程。"[③] 社会

[①] 李德顺：《价值论——一种主体性研究》，中国人民大学出版社，2013，第35页。
[②] 〔联邦德国〕H.R.姚斯、〔美〕R.C.霍拉勃：《接受美学与接受理论》，周宁、金元浦译，辽宁人民出版社，1987，第24页。
[③] 〔联邦德国〕H.R.姚斯、〔美〕R.C.霍拉勃：《接受美学与接受理论·出版者前言》，周宁、金元浦译，辽宁人民出版社，1987，第5页。

生活中的接受行为亦是如此。对于风俗、习惯、道德而言，人们不仅有权利通过自己的理解以及需要和利益选择性地接受什么和拒绝什么，而且还能够对其接受的东西进行再创造，在接受行为中体现自身的意志，这就是接受的主体性特征。接受的主体性即接受因主体而异的本性。这种本性在现实生活中的表现是，不同的主体对于同一个客体的接受状况不同，同一个主体在不同的状况下对于同一个客体的接受状况不同；随着主体自身的变化和发展，主体对于同一个客体的接受状况也会变化、发展。

（二）接受具有客体性

接受的客体性即任何事物成为接受主体的对象时所表现出来的特性，其中包括外在于、不同于接受主体的性质和对于接受主体来说的自在性以及约束和规定作用。任何接受客体相对于接受主体都具有上述性质和意义。首先，接受客体自身的性质、状况和发展规律对于接受主体以何种方式以及在何种程度上接受它具有制约作用，对接受主体的精神状况、认知水平和判断能力有一定的要求，也就是说，在某些客体面前，有些人是不能成为接受主体的。其次，接受客体规定、制约着接受主体对于接受中介的选择以及接受中介对于接受的意义，不仅要求接受主体选择那些更有效率的中介，而且为中介的作用确定范围和划定界限。最后，接受客体在接受主体身上反映它的意义和作用，使接受主体向着接受客体的方面发生转化，实现其对于自身某种意义的改造。接受客体是真理，接受主体接受真理的活动将拓展他对世界的认知和认识世界的能力；接受客体是价值观，接受主体接受价值观的活动将改变他对事物的价值判断、价值取向和价值评价；接受客体是生活世界，他就可能是随遇而安的人。

（三）接受是主体性和客体性的统一

接受是接受主体发挥主体性作用于接受客体的过程，同时也是接受客体限制、规定、制约接受主体从而改变接受主体的过程，因而既具有主体性又具有客体性，是主体性和客体性的统一，这种统一性表现在三个方面：其一，接受主体的自我意识与对象意识的统一。接受主体在与接受客体相互作用的过程中，一方面产生对象意识，即接受者对于接受客体、接受中介的认识，因为，接受主体只有知道它们是什么，才能选择是否接受它们，或者知道它们是什么本身就是在认识中接受了它们；另一方面接受主体面对接受客体时，首先回到自身认识自己，形成关于自己的需要、规定性和能力以及接受行为本身对于他的各种意义的认识，这便是自我意识的显现和发展。其二，接受主体的事实意识与价值意识的统一。事实意识即主体关于包括自己、中介、客体等是什么、怎样存在和发展的意识，为主体的价值选择提供客体（他自己、中介成为主体的对象时也是客体）尺度，要求主体在对象性活动中服从客体的本性和规律。价值意识即主体关于客体对于他的价值的意识，包括主体对客体的欲望、情感、意志、信念、信仰、理想等，是体现主体内在尺度并表现为价值判断和价值评价的意识，为主体的价值选择提供主体尺度，要求主体在有目的的对象性活动中以"我"为出发点和归宿。接受活动需要接受主体对所有要素的事实性意识，同时需要接受主体对于包括中介和接受客体在内的所有客体对于主体产生的价值的意识，前者是接受活动的基础和界限，后者是接受活动的动机、意志的依据。其三，接受主体的能动性和受动性的统一。接受的主体性集中表现为接受主体对于接受客体的能动作用。接受主体的所有意识都是通过发挥其能动性才得以形成和发展，其接受行为的完成也是在接受主体的主导和支配作用下实现的。接受主体一旦意识到接受的合理性，就会根据自己的认知、理解和现实能力作用于接受客体，把自身的各种因素投入到接受活动中，表现他的积极性、主动性、创造性和自由意志，确证自己是一个能动性存在。接受的客体性使接受主体服从、利用和尊重接受客体的本质、规律，在接受主体的活动合乎接受客体的本质和规律时满足其需要，在接受主体违背接受客体的本质和规律时使其付出代价，这表明，接受主体是一个受动性的存在。也就是说，接受主体是在能动性和受动性的统一中，把客体纳入自己的精神和生活世界的。

四 接受的一般规律

接受是接受主体和接受客体通过一定的中介相互作用的过程和活动，它总是由接受主体的现实需要、规定性、发展规律和能力所决定的，同时深受接受中介和接受客体的制约,因而是有规律的,表现为主体尺度和客体尺度在接受活动中的地位和作用以及两者相统一。

(一)主体尺度是接受的动力和根据

在一切有目的的对象性活动中,存在着由人的本质力量的性质所决定的内在尺度即主体尺度。主体尺度指的是主客体关系中作为主体的人的自身结构、规定性和规律,包括主体的需要、目的性和现实能力对于客体的作用。主体尺度在接受活动中的作用,首先表现为接受主体按照"为我"的方式与一定的客体建立接受与被接受的关系,运用自己的感官、大脑,通过思维、情感和意志去理解、认识客体,使客体进入主体的认识结构和生活结构;其次表现为接受主体的需要成为接受客体的内在动因,驱使他主动地与客体建立对象性关系,使客体成为他的物质形态世界或精神世界的一部分,或与他的感官和心理结构以及美感相一致;再次表现为接受主体使自己的目的服从于接受活动的方式和方法,同时使自己的能动性、创造性、情感和意志、经验和理智、体力和脑力都围绕着他的目的展开,尽可能地按照自己的方式把客体变成自己的有机内容;最后表现为接受主体以"效益"来衡量、评估接受的结果,凡是被他判定为对其有好处的接受行为,都会成为进一步强化和发展这种行为的动机,反之,凡是被他判定为没有好处、是错误的接受行为,都会被摒弃,通过这种机制,接受主体使接受活动为自己服务。

主体尺度反映了接受活动中接受主体的主体地位,即任何接受行为都是接受主体以自己为尺度的活动,接受主体是接受行为产生的根据、标准和归宿。接受是在接受主体的内在本质所规定的尺度中形成、发展和完成的,接受主体的需要、现实规定性和能力成为接受的根据,是否接受客体、以什么方式接受客体、接受客体的哪些方面和哪些内容,最后对接受主体产生了何种价值,都由主体的主体性状况所主导。接受的主体尺度在人的接受活动中体现为价值原则。价值原则是由价值关系的本性所决定的人的思想和行为的根本准则,因而也是人的主体性原则。这一原则表明,人的活动同人的需要、利益相关。人在接受活动中坚持价值原则,就是接受主体通过接受客体来满足自身需要、追求效益、实现目的,其基本内容是接受主体按照自己的内在尺度、现实规定性和能力接受客体。

（二）客体尺度是接受的基础和界限

在一切对象性活动中，由对象的性质所规定的尺度，就是客体尺度。"客体尺度就是对象本身所固有的本性、规定性和规律的表现。它不仅规定着客体本身的变化，而且也是主体在实践活动中所反映和遵循的尺度。"[①] 客体尺度在接受活动中的作用更加明显。在接受客体和接受主体同时确定的情况下，接受客体按不以接受主体意志为转移的规定性，要求接受主体充分发挥其能动性，调动一切可以调动的主体因素，不断接近接受客体，走向与接受客体的本质和规律的一致，向着接受客体发生转化。在这个过程中，接受客体的尺度使接受主体的活动不得不面向客体，从非我出发，服从于接受客体的内在规定性和规律。

接受的客体尺度反映了接受客体对于接受主体的客观规定性，把接受主体的对象性活动限制在客体所规定的范围之内，为接受活动提供客观的基础。客体尺度反映在接受主体的意识中，就是接受主体按照客体的尺度发挥能动性接受客体，这体现了接受主体对于客体尺度及其作用的意识，其作用表现在对接受活动的正确内容的作用中。客体尺度在人的接受活动中体现为真理原则，即人在有目的的接受活动中追求真理、服从真理、坚持真理的原则，其内容是按照接受客体的本来面目来认识它。客体尺度告诉人们，真理原则是人达到接受目的的基本原则之一。

（三）接受活动的主体尺度和客体尺度统一于主体、人的本性和能力

主客体的相互作用构成了人的有目的的对象性活动，表现为两个方面的内容：一是主体对于客体的作用和影响，即主体对客体的选择、建构、改造并使之为自己服务；二是客体对于主体的作用和影响，即主体对客体的感受、反映、接纳以及对客体本性、规律的认知和服从。这就是客体尺度和主体尺度分别显现于主体和客体的表现。这两个尺度是人的有目的的对象性活动确定不移地存在和发挥作用的两种力量。

---

① 李德顺：《价值论》，中国人民大学出版社，2007，第80页。

接受活动中主体尺度和客体尺度相互依存、相互作用共同形成和推动了接受活动的形成和发展。尽管接受活动中的主体往往具有被动的特点，但是接受活动中主体尺度和客体尺度的统一的根据仍然是接受主体。这是因为，"主体、人在建立和推动主客体关系方面的地位上"的能动性和力量，更在于"人、主体本身具有与世界、与客体相统一的本性"，"人本身就是人与世界、主体与客体、主观与客观、社会与自然界、个人与社会统一的产物和体现"①。人在客观世界及其规律的制约下能动地活动的存在方式和本性，是人与世界、主体与客体相统一的表现。接受行为总是在接受主体愿意的前提下发生的，接受主体自觉的理解、积极的态度以及现实的能力在建立和推动接受主体和接受客体之间建立关系方面具有主导作用和能动性，而且接受主体具体的和历史的规定性、现实能力决定了接受的具体内容、形式和路径等。

【执行编辑：陈新汉】

---

① 参见李德顺：《价值论》，中国人民大学出版社，2007，第326—327页。

思想政治教育互动的两个维度

张 婧[*]

【摘 要】 思想政治教育活动中,教育者和受教育者的互动总是内在围绕教育者的"价值引导"和受教育者的"自主构建"这两个基本维度来进行。从微观的视角对思想政治教育互动要素进行分析,揭示其规律,对拓展思想政治教育研究视域,提高思想政治教育实效性有着重要意义。

【关键词】 互动;价值引导;自主建构

在思想政治教育互动中,教育者能动地认识受教育者,自觉地创设情境,科学地运用载体和不断地超越自我,而受教育者认同接受、整合推进、内化拓展和外化检验,这是两者在思想政治教育互动中表征出的外部现象,而这些外在交互活动的相互作用总是内在地围绕着教育者的"价值引导"和受教育者的"自主建构"这两个基本的维度来进行。从微观的视角对思想政治教育互动要素进行分析,揭示其规律,对拓展思想政治教育研究视域、提高思想政治教育实效性有着重要意义。

"占有"到"共生"——教育者的价值引导。在传统思想政治教育互动中,教育者主导着整个教育活动并对受教育者起着控制作用,这种方式的确在一定程度上强化了教育效果,但是随着教育活动的进一步深入,其弊

---

[*] 张婧,海军军医大学基础医学院政治理论教研室副教授,主要研究方向为思想政治教育。

端也日益显现出来。整个教育过程,从教育目标的设定、教育过程的实施,到教育效果的评估,其中每一个环节都受教育者的主导和控制,于是教育者就成为了整个教育过程的权威,他将受教育者仅仅看作是一种被灌输的器皿进行知识的灌输,过分注重受教育者认知能力和理性精神的培养,并将系统知识的传授和理性能力的培养视为教育的唯一目标。受教育者的个人兴趣、情感、意志等非理性因素的作用得不到重视,甚至经常被忽视。这种方式使受教育者获得的并不是对整体世界的认识和感悟,而是支离破碎知识的堆积,他们感受不到人生价值的充盈和生活的美好,也感受不到教育的真正意义。这种教育"为了训练的目的,一个人的理智认识方面已经被分割得支离破碎,而其他的方面不是被遗忘,就是被忽视;不是被还原到一种胚胎状态,就是随它在无政府状态下发展。为了科学研究和专门化的需要,对许多青年人原来应该进行的充分而全面的培养被弄得残缺不全"[1]。除此之外,这种方式还影响受教育者的思维和成长。传统的思想政治教育中,教育者在教育实践中显示着绝对的权威,强烈地表达了他与其他外部世界之间的一种"我—它"关系,除"我"之外的他人或他物都是为"我"服务的,都是"我"应当"占有"之物。而受教育者被降格成了"他物",其作为人的本质就无法体现,那将其培养成为"自由全面发展"的人的目标也更无从谈起,思想政治教育也就失去了原有的价值和意义。受教育者也"习惯于把世界看作是一个听任摆布的世界,他似乎对丰富的物质感到满足……与此相应,人的地位被降低为一个消费者和操纵者……他把自己封闭在事物的有用性之内,一旦关上窗户,他便看不到可用性范围之外还有什么"[2]。

这里需要强调的是受教育者的"自由全面的发展",是指受教育者对其本质能够完整性占有,这种"完整性",是指"个体的生命是由自然与社会、生理与心理、物质与精神、理性与情感、科学与人文等多层次、多因素构成的综合体,缺少任何一个方面都是不健全的"[3]。从这个意义上讲,

---

[1] 联合国教科文组织国际教育发展委员会编著:《学会生存——教育世界的今天和明天》,华东师范大学比较教育研究所译,教育科学出版社,1996,第193页。
[2] 〔美〕赫舍尔:《人是谁》,隗仁莲译,贵州人民出版社,1994,第76页。
[3] 张天宝:《走向交往实践的主体性教育》,教育科学出版社,2005,第116页。

思想政治教育要真正实现原有的价值和意义，受教育者个体生命的完整性就需要受到尊重，这应该是教育者进行教育实践的前提。教育者只有平等地对待受教育者，尊重他们，将他们看成"全面"的存在，才能真正参与和融合到受教育者的成长及健康发展的过程中，从而实现思想政治教育目标。马克思也曾经说过："人以一种全面的方式，也就是说，作为一个完整的人，占有自己全面的本质。"① 其实，这种对受教育者个体生命完整性的尊重内在蕴含着一种"共生性"的生存和发展方式：教育者把受教育者确实当作一个完整的生命体，而不只是认知体；把教育生活看作受教育者生命历程的重要构成，而不只是学习过程的重要构成……不再把教育简单当作现存知识直接传递的过程，而是看作生命与生命的交往与互动的过程②。

随着实践的深入，传统思想政治教育的弊端在逐步得到解决，教育者正逐步地由"占有"向"共生"转向，由原有对受教育者的控制，强化自身发展转向为尊重受教育者个体生命的完整性，并与受教育者达到"共生"状态。在这种"共生"的存在方式下，教育者和受教育者之间是不可分割的，它们相互影响和作用。教育者再也不是整个教育过程中的绝对权威，对受教育者进行控制，而是在重视和尊重受教育者的同时，对受教育者进行"价值引导"。这种"价值引导"的前提是教育者的思想层次、知识技能都应在受教育者之上，所以教育者必须持续地自我学习和自我教育，不断学习理解先进思想和理念，直到领悟，并内化为自觉意识；而且这种努力并不是毫无方向、毫无目标的，它是以能为受教育者自我发展创造良好条件为指向的。在这种指向下，教育者"政治要强""情怀要深""思维要新""视野要广""自律要严""人格要正"③，这样才能正确把握时代精神，使教育活动的目的具有科学性和时代性；合理确定教育活动内容，使之兼具政治性和学理性、价值性和知识性、建设性和批判性、理论性和实践性；灵活选择教育活动的方式，使之兼具统一性和多样性；还要更加主动地去创设一种有利于受教育者的良好教育互动情境，兼具主导性和主体性、灌输性和启发性、显性和隐性，科学组织、正确引导和有效规范受教

---

① 《马克思恩格斯全集》第 42 卷，人民出版社，1979，第 123 页。
② 叶澜：《"新基础教育"探索性研究报告集》，上海三联书店，1999，第 182、184 页。
③ 习近平：《思政课是落实立德树人根本任务的关键课程》，《求是》2020 年第 17 期。

育者自主学习活动，以培养他们的意识，发展他们的能力，从而实现"价值引导"。

"自主认识"和"自由实践"——受教育者的自主建构。一般来说，在思想政治教育互动中，教育者对受教育者施加价值影响实际上是通过受教育者自主建构实现的。所谓自主建构，就是指受教育者自主地、能动地生成的，而不是外部力量塑成的。对于受教育者来说，自主建构不仅仅停留在认识层面，还包括在实践层面，这是一个完整过程的两个阶段。从认识层面来说，受教育者对所接受知识的吸收和建构，并不是被动接受外界刺激的结果，而是自己自主思维的结果，他们以已有的知识结构和经验为基础，对新的知识信息进行加工、理解，由此建构起新的知识，同时又促进原有的知识经验发生调整和改变。美国教育哲学家杜威也认为，"教育并不是一件'告诉'和被告知的事情，而是一个主动和建设性的过程"①。

如果说受教育者对教育内容的接受和认识实质上是一个内化的过程，完整的自主构建过程并不止于受教育者对教育内容的内化，还包括对其接受教育内容进行实践的外化。在实践层面，受教育者"把我的愿望从观念的东西，从它们的想象的、表象的、期望的存在，转化为它们的感性的、现实的存在，从观念转化成生活，从想象的存在转化成现实的存在"②。受教育者的实践活动从更深刻意义上使得教育内容成为受教育者的"为我之物"。从本质上说，受教育者发展的基础和源泉就是实践活动。首先，实践活动可以使受教育者的既有素质和所处的社会环境成为其发展的现实因素。其次，实践活动满足了受教育者发展的各种需要。从根本上说，受教育者的实践活动就是力求实现对各种需要的满足，如果受教育者没有对满足的需要，就会失去动力，就会削弱主动性和能动性。在思想政治教育互动过程中，受教育者满足一种需要后，通过实践活动不断感受到外界对他的各种要求，一旦这些要求被内化，新的需要就会产生，受教育者又会通过实践活动来满足新的需要，从而不断推动自身发展，直至最终实现自身的完善。

---

① 〔美〕杜威：《民主主义与教育》，王承绪译，人民教育出版社，1991，第420页。
② 《马克思恩格斯全集》第42卷，人民出版社，1979，第154页。

需要强调的是，受教育者的实践活动是不会脱离社会关系以及人与人之间的互动而单独存在的。一方面，不同性质的社会活动对于受教育者来说具有不同的存在价值和发展作用。比如在教育过程中，受教育者的活动是自由的还是被强制的，是主动的还是被动的，对受教育者的发展具有不同的意义和价值。另一方面，受教育者如果离开了与他人的互动，就无法突破现有的发展水平，就只能从事那些他本身现有发展水平的活动。所以受教育者的实践活动必须处在社会关系以及人与人之间的互动之中，这样它才能成为受教育者自我认识的重要指向，并在新的自我认识中重新进行自我评价，从而推动新的实践活动的展开。

在思想政治教育中，受教育者无论是从认识层面对教育内容的内化，还是从实践活动层面对所接受思想和观念的外化，这都是其自身自主建构的结果。受教育者的这一系列自主构建的环节都不是在真空中进行的，而是在一定的互动关系中进行的。在这些互动关系中，受教育者与教育者的互动是占主导的，教育者的"价值引导"是受教育者"自主建构"的先决条件。但是按照唯物辩证法的观点，事物发展的外因只是条件，内因才是根据。在思想政治教育过程中，受教育者的自主建构提供了个体性基础。如果没有受教育者的自主建构，思想政治教育过程就失去了其存在的可能性，也失去了其存在的现实性基础。因此，受教育者的自主建构应是思想政治教育互动的另一个基本维度。

"交往"和"对话"——教育互动的确证。教育者和受教育者作为思想政治教育互动最核心的参与者，学界一直存在着两种不同的看法。一种是在传统的思想政治教育过程中，将教育者看作主体，而受教育者作为客体，教育者对受教育者进行知识的灌输，受教育者只是被动地接受。这种"主体—客体"模式忽视了受教育者的主体性，受教育者被降格成了教育者之外的"物"，其差异性和多元性也被否认，最终被培养成为"单向度的人"。而教育者成为教育过程中绝对的权威——"我就是我的世界，我的理解是唯一正确的，与我不同的观点和看法都是错误的。"[①] 随着教育的深入，这种单向的"主体—客体"模式的弊端逐渐凸显。于是又出现了一种与之相

---

① 张天宝：《走向交往实践的主体性教育》，教育科学出版社，2005，第 199 页。

对应的模式，即是"主体—主体"模式，这种模式是将教育者和受教育者都看成是主体，肯定了受教育者的多元性和差异性，为教育者和受教育者之间的交往和对话创造了条件，但是它却忽视了教育内容等客体存在的制约作用，导致了其客观性的丧失，从而陷入了相对主义的困境——"什么都对，什么都不对；公说公有理，婆说婆有理，天下无公理。"①

对以上两种看法进行客观的分析和评价，思想政治教育互动应该具有两个向度，即"主体—客体"和"主体—主体"向度。这种模式内在地蕴含了这样的要求，即无论是教育者还是受教育者，他们一方面要受到客观对象的制约。这是因为人是在社会实践活动中实现自己本质和创造自己的，没有对象化活动，教育互动就成了无源之水、无本之木。另一方面要受到主体间关系的制约。这种主体间关系首先表现为教育者和受教育者之间平等的互动，他们之间不再是传统的对象性关系，而是主体间的交往关系，即是伽达默尔称为平等和民主的"我—你"关系。教育者不再是绝对真理的占有者和教育过程中的绝对权威，受教育者也不再是被动的接受者和绝对的服从者。他们之间没有思想强迫和语言强势以及人格歧视，他们相互尊重和信任，彼此敞开自己的精神世界，他们具有平等意识，因为"为了消解自我认识中的私人性和主观性，达到对世界的共同认识，也就是由'私人世界'进展到'共同世界'，不同认识主体之间要相互交流，彼此沟通，并设身处地，转换视角，承认他人的主体地位及主体性"②。唯有如此，教育者和受教育者才能在平等的交往关系中进行互动。在思想政治教育互动中，教育者和受教育者都是独立存在的个体，他们有着各自不同的生活阅历、知识背景和思想观念，这种差异性决定了他们对事物的理解都刻有自身的印记。教育者和受教育者通过交往和互动，就会发现自己在理解上存在的局限性和狭隘性，并在此基础上实现两者的"视域融合"，这种"视域融合"会生发出一种创造性意蕴的新意义，在一定程度上使其在认识和理解上的片面性和狭隘性得以克服，让他们不断在理解世界和改造世界中理解自我，使其精神的发展不断超越现实性和可能性，从而形成自我发展、自我教育，在教育实践活动中深入认识自我生存的意义和价值以及人所具

---

① 张天宝：《走向交往实践的主体性教育》，教育科学出版社，2005，第 199 页。
② 李辉：《道德法律化的必要与限度》，《中山大学学报（社会科学版）》2004 年第 4 期。

有的理性、智慧和创造性能力，认识到自己的性格、特点、兴趣等所具备的发展条件，从而更加全面自由地把握自身，确定自己的人生追求，并为此不懈奋斗。正是在这种意义的不断生成性过程中，教育者和受教育者的知识、情感意志等得到全面提升。

【执行编辑：刘冰】

价值观研究

Research on Values

中西价值观比较的前提和方法问题[*]

杨学功[**]

【摘　要】 中西文化和价值观比较是近代中西文明发生剧烈碰撞和交融以来,长期为思想界关注的核心问题或焦点问题之一。我们应该认识到,中西比较首先是一个严峻的历史课题,然后才是一个思想课题。这是中西文化和价值观比较的前提。从方法论上看,需要在反思近代以来解决中西文化关系的各种方案的基础上,自觉突破长期主导中国思想界的"中化"与"西化"之争的旧框架。着眼于中国历史与文化未来发展的方向,中西价值观比较应该以普遍性为归属和导向。

【关键词】 文化；价值观；民族性；时代性

中西价值观比较,如果从广义的中西文化比较角度来看,并不是今天才提出来的新问题,而是近代中西文明相遇并发生剧烈碰撞和交融以来,长期为思想界和知识界关注的核心问题或焦点问题之一。正如冯友兰先生在接受美国哥伦比亚大学授予名誉博士学位仪式上的答词中所说:"我生活在不同的文化矛盾冲突的时代。我所要回答的问题是如何理解这种矛盾冲

---

[*] 本文根据作者 2019 年 10 月 19 日在上海大学举办的"中西价值观比较"高层学术论坛暨"中国价值论研究发展规划"高层研讨会上的发言记录整理而成。

[**] 杨学功,北京大学哲学系教授,北京市哲学会会长,主要从事马克思主义哲学和中国现代哲学研究。

突的性质；如何适当地处理这种冲突，解决这种矛盾；又如何在这种矛盾冲突中使自己与之相适应。"这对中国思想界和知识界来说是一个普遍问题，尽管人们所提供的解决方案并不相同。但是，从另一个角度来看，价值观毕竟是文化的内核和灵魂，所以中西价值观比较这个课题，又可以说是近代以来中西文化比较研究的深化和升华。我们需要思考和回答的问题是：在当今时代条件下，怎样做才是先进的？或者说，怎样做才是合理有效和现实可行的？

首先，我认为，比较是一种历史现象，然后才是思想现象。这是我们谈论中西文化和价值观比较的前提。从历史上看，在东西方未曾实际相遇，也就是没有发生实质性相互交往之前，东西方都有一些关于对方的想象，即"西方想象中的东方"和"东方想象中的西方"。这种想象通常带有神话和幻想的性质，缺乏真实的历史根据，因而是不可信的。古代各民族的交往，多半限于毗邻的地域，如中原汉民族与北方和西域少数民族的交往，中印文化交往，希腊与中亚的经济文化交往，等等，它们都还不是现在意义上的中西交往。即使历史上蒙古铁骑踏上了欧洲的土地，意大利旅行家马可·波罗来华并在元代朝廷担任官职，以及明代的郑和下西洋、西方传教士来华，等等，这些历史事件，在中西方文明交流史上也只具有偶然的意义。真正具有马克思所说的"世界历史意义"的普遍交往，是伴随近代西方资本主义的发展和对外扩张而发生的。只有到了这个时候，中西文化之间的差异、冲突和交融，即中西比较才有了现实的可能和基础。由此可见，中西比较首先是一种历史现象，然后才是思想现象。世界历史性的普遍交往是中西比较的历史前提，我们不能离开这个前提来抽象地谈论中西比较，否则必然陷入玄学的虚构。中西比较之所以在近代以来成为紧迫的时代课题，首先是因为中西方各民族国家在近代历史时空中的"相遇"，引起了中国人的历史危机以及在新的历史情境中重新选择自己发展道路的思考。换言之，中西比较首先是一个严峻的历史课题，然后才是一个思想史课题。

其次，怎样进行中西文化和价值观比较才是先进的？这个问题，我们可以通过近代以来解决中西文化关系的各种方案的比较，自然地引出较为合理的结论。据我研究和统计，排除个别缺乏根据的方案如"西学中源说"

不计，历史上形成和现实中较有影响的关于如何处理中西文化关系的方案，大致有八九种，下面不妨做一些简要的分析。

第一种是"中体西用论"。这是由洋务派提出来的，是洋务运动的指导思想。它被明确表述在洋务派首领张之洞的《劝学篇》中，即"中学为体，西学为用"。具体的说法是："中学为内学，西学为外学；中学治身心，西学应世事。"洋务运动是中国现代化的第一个历史阶段，标志着中国军事和工业现代化的开始，作为探索中国现代化之路的最初尝试，其历史功绩不容抹杀。作为洋务运动指导思想的"中体西用论"也有一定的进步意义，因为它表现出一种融合中西文化的努力。但是，这种主张在理论上是站不住脚的，在实践上是失败的。其理论上的错误主要在于割裂文化的"体"和"用"，实际上任何一种文化的体用是不可分割的。在"中体西用"的公式中，似乎"中学"有体而无用，"西学"有用而无体。正如严复当年所批评的："中学有中学之体用，西学有西学之体用。"他认为，主张"中体西用"就如同讲"牛体马用"一样不通和可笑。洋务派所理解的"中学"，主要指传统的伦理道德和政治制度，按照马克思主义的观点，它们属于上层建筑的范畴，是不能作为"体"来看待的。因为真正作为社会存在和发展基础的是一定社会的生产方式和经济基础。被洋务派视为用的"西学"，主要指西方近代的科学技术和物质文明，它们倒是构成现代社会的基础。虽然"中体西用论"在学理上并不成立，在实践中完全失败，但是各种变形或变相的"中体西用论"新版本却层出不穷，需要我们仔细分辨，认真识别。

第二种是"全盘西化论"。这是在20世纪30年代中西文化论战中的一派提出的，主要代表人物是胡适和陈序经等人。他们认为文化是一个有机的整体，要学习只能"全盘"接受，而西方近代文化是先进的文化，我们必须全盘学习西方文化，才能迎头赶上，任何折中调和的方案都不过是抱残守缺而已。胡适说："现在的人说折衷，说中国本位，都是空谈。此时没有别的路可走，只有努力全盘接受这个新世界的新文明。全盘接受了，旧文化的惰性，自然会使它成为一个折衷调和的中国本位新文化。若我们自命做领袖的人也空谈折衷选择，结果只有抱残守缺而已。古人说：取法乎上，仅得乎中；取法乎中，风斯下矣。这是最可玩味的真理。"由此可见，他们所说的"西化",并不是指西方古代和中世纪的文化,而是西方近代文化,实际上就是与现代化相关的文化,所以,胡适后来又把"全盘西化"修正为"充分现代化"。"全盘西化"不区分文化的精华与糟粕,照单全收,当然是不明智的;无视民族文化和现实国情,对域外文化采取简单移植的态度,在实践上也是行不通的。但是,如果着眼于"充分现代化"的导向,这种乍看起来荒谬的主张并非完全没有积极意义。

第三种是"中国本位论"。这是在20世纪30年代中西文化论战中与"全盘西化论"对立的一派提出的,主要代表人物是联名发表《中国本位的文化建设宣言》的十位教授。他们提出"中国本位的文化建设"所应该遵循的五项原则。第一项是:"要特别注意此时此地的需要。"第二项是:"必须把过去的一切,加以检讨,存其所当存,去其所当去。"第三项是:"吸收欧美的文化是必要而且应该的。但须吸收其所当吸收,而不应以全盘承认的态度,连渣滓都吸收过来。"第四项是:"中国本位的文化建设是创造,是迎头赶上去的创造。"第五项是:"我们在文化上建设中国,并不是抛弃大同的理想。"根据这五项原则,"宣言"提出了两条注意:一条是"不守旧",一条是"不盲从"。又提出三项目标:一是"检讨过去",二是"把握现在",三是"创造将来"①。乍看起来,这些主张似乎很"得体",但是由于他们没有把握住文化判断和选择的标准,用冯友兰先生的话来说,其实都是些自语重复的废话和空话,"措词空洞,言之无物,令人读之不得要领"。类似的废话和空话,我们今天听到的也不少。

第四种是"西体中用论"。这是李泽厚先生明确提出和主张的,在某种意义上可视为对洋务派观点的一种反动。因此,从纠正洋务派的偏颇这一点来看,它有积极意义。但是在我看来,"西体中用论"和"中体西用论"都有一个共同的问题,即割裂了文化的体和用。如果按照马克思主义的观点,我们可以把一个社会的结构划分为经济基础和上层建筑两个层次,或经济基础、上层建筑、意识形态三个层次,上层建筑与经济基础应该是相互适应的关系。当然,李泽厚先生对"体用"范畴做了创造性的新解释,他认为,"体是社会存在的本体,即生产方式、生活方式",可见他讲的

---

① 马芳若编:《中国文化建设讨论集》,经纬书局,1935,第1—6页。

"西体"已不是指"西学"。这种观点在学理上与马克思主义倒是一致的。但是由于改变了传统的"体用"范畴的含义,徒增歧义,也使讨论变得更加困难。

除了上面提到的四种方案,中国近代以来关于中西文化关系的主张,还有冯友兰先生的"中西古今论"、张岱年和方克立先生等倡导的"综合创新论"、季羡林先生的"河西河东论"、周有光先生的"双文化论",以及前些年时兴的"中国模式论"等。

"综合创新论"无疑是一种正确的文化主张。但是,这种主张在如何具体落实上还存在一定的模糊性。方克立先生后来又提出"马学为魂,中学为体,西学为用,三流合一,综合创新"的新概括,似乎也没有完全解决问题。比较而言,我认为冯友兰先生的"中西古今论"和周有光先生的"双文化论",蕴含着更多值得我们重视的深刻见识。

冯先生在接受美国哥伦比亚大学授予名誉博士学位仪式上的答词中,概述了他探索中西文化差异问题所经历的三个阶段:"在第一阶段,我用地理区域来解释文化差别,就是说,文化差别是东方、西方的差别。在第二阶段,我用历史时代来解释文化差别,就是说,文化差别是古代、近代的差别。在第三阶段,我用社会发展来解释文化差别,就是说,文化差别是社会类型的差别。"① 他进一步解释说,"所谓东西文化的差别,实际上就是中古和近代的差别。但是中古和近代这两个词的内容是什么呢?不久我开始认识到,中古和近代的差别实际上就是社会类型的差别。西方国家从社会的一种类型到另一种类型的转变,比东方国家早了一步。这一步的关键是产业革命。……在40年代我写了六部书,其中有一部的副题是《中国到自由之路》。我在这部书中指出,这条路就是近代化,而近代化的主要内容就是产业革命。"② 按照我的理解,冯先生的文化观发展的第三个阶段,已经接近马克思的历史唯物主义了。他在这里实际上提出了中国文化变迁必须与中国历史变革相适应的见解,对于现代新儒家的文化保守主义观点是一副清醒剂。冯先生是一个有自己的思想体系的哲学家,其思想成分非常复杂,中西兼容,也包括马克思主义的成分。他的思想一直在变,但用他

---

① 冯友兰:《三松堂自序》,人民出版社,2008,第373页。
② 冯友兰:《三松堂自序》,人民出版社,2008,第374—375页。

自己的话说，又没有完全"变过来"。所以他对文化问题表现出一个矛盾的态度，坏的说法是"左右摇摆"，好的说法是"极高明而道中庸"。他自己做了如下的解释："我经常想起儒家经典《诗经》中的两句话：'周虽旧邦，其命维新。'就现在来说，中国就是旧邦而有新命，新命就是现代化。我的努力是保持旧邦的同一性和个性，而又同时促进实现新命。我有时强调这一面，有时强调另一面。右翼人士赞扬我保持旧邦同一性和个性的努力，而谴责我促进实现新命的努力。左翼人士欣赏我促进实现新命的努力，而谴责我保持旧邦同一性和个性的努力。我理解他们的道理，既接受赞扬，也接受谴责。赞扬和谴责可以彼此抵消。我按照自己的判断继续前进。"① 在我看来，冯先生对待文化问题的态度，比起极端的文化保守主义者来，确实要"高明"得多，高明处正在其"中庸"，这并不是调和折中。如果把冯先生文化观的三个阶段看作一个扬弃和上升过程的话，极端保守主义的文化观基本上还处于冯先生所说的第一个阶段。文化既具有民族性，又具有时代性，冯先生能兼顾这两点，这就是他的高明之处。文化保守主义夸大文化的民族性，否定文化的时代性，难以令人信服。

周有光先生则认为，在全球化时代，世界各国都进入了国际现代文化和地区传统文化并存的"双文化时代"。他解释说，每一个民族都有自己的传统文化，每一个民族都热爱甚至崇拜自己的传统文化。但是，在现代，任何民族都无法离开覆盖全世界的现代文化。所谓国际现代文化，就是先进国家行之有效，正在全世界传播开来的有利于人类生存和发展的，全人类共创、共有、共享的文化。现代文化是全世界人民共同创造和享有的全球化的文化，它没有国界，因而是国际文化。世界各地的传统文化，相互接触，相互吸收，其中有普遍价值的部分融入了国际现代文化。把现代文化说成西方文化是不对的，但西方文化确实已经成为国际文化的主流。与此同时，各地传统文化依旧存在，但是要不断进行自我完善。环顾世界，到处都是内外并存、新旧并用，实行"双文化"生活。文化的流动不是忽西忽东，轮流坐庄，而是高处流向低处，落后追赶先进②。周先生的这些见解是符合实际的。

---

① 冯友兰：《三松堂自序》，人民出版社，2008，第379页。
② 参见周有光：《文化学丛谈》，语文出版社，2011，第33—34页。

最后，回顾和反思近代以来关于中西文化比较的各种方案和主张，我们今天能够获得什么启示，得到什么结论呢？我认为最重要的就是要十分精准地把握文化的民族性和时代性的关系，避免陷入"中西对立"的误区。从文化观上看，长期主导中国思想界的"中西之争"，就是出于对文化的民族性和时代性的双重误解。民族性表征的是一种文化所具有的主体性，而时代性表征的是一种文化发展的方向性。中华文化无疑只能是以中华民族为主体的文化，但中华文化并不是离开世界文明大道而孤立地发展的，近代中西交通以来更是如此。所以，中国现代文化的建设，就其主导性和方向性而言，只能是与世界文明发展潮流相适应的现代文化，其中非常重要的就是对西方现代文化的创造性吸收和转化。离开文化的时代性孤立地强调文化的民族性，甚至走向狭隘的民族主义，不仅会使中国文化的发展走偏方向，而且会把中华民族的未来引向错误的道路。

着眼于中国历史与文化未来发展的方向，中西价值观比较应该以普遍性为归属和导向，而不能以特殊性为诉求。正如冯友兰先生所深刻分析的，在文化和价值观上，普遍的东西是必要学的，也是可能学的；特殊的东西是不可能学的，也是不必要学的。

【执行编辑：尹岩】

社会主义核心价值观一体化融入大中小学思政课中的话语权[*]

陈新汉[**]

【摘　要】 社会主义核心价值观融入大中小学思政课中的话语权是一个值得研究的重要问题。要把言语、语言、话语和话语权在学理上区分开来。与意识形态再生产联系在一起的思政课话语权可以从双重主体、客体、传媒中介等方面予以分析。为提升社会主义核心价值观一体化融入大中小学思政课中的话语权，就要在分析话语权的若干要素中，提高思政课话语交往中的针对性，强化思政课教学话语生产和传播的主体性，发挥思政课教学话语接受主体的能动性，丰富思政课教育话语传媒中介的多样性。

【关键词】 话语权；话语生产和传播的主体性；话语接受主体的能动性

社会主义核心价值观一体化融入大中小学各门思政课程的教学过程是与话语权密不可分地联系在一起的。要把言语、语言、话语和话语权在学理上区分开来。与意识形态再生产联系在一起的思政课话语权可以从双重

---

[*] 本文系全国哲学社会科学规划办公室专项课题（项目编号：19VSZ046）《社会主义核心价值观融入大中小思政课一体化研究》的阶段性研究成果。
[**] 陈新汉，上海大学社会科学学部（筹）哲学系教授、博士生导师，主要研究方向为马克思主义哲学、价值论。

主体、客体、传媒中介等方面予以分析。为提升社会主义核心价值观一体化融入大中小学思政课中的话语权，就要在分析话语权的若干要素中，提高思政课话语交往中的针对性，强化思政课教学话语生产和传播的主体性，发挥思政课教学话语接受主体的能动性，丰富思政课教育话语传媒中介的多样性，等等。

一 言语、语言、话语和话语权

  作为社会动物，人生在世总是要说和听很多话，不是文盲的人还要写和读很多字，以便与其他人进行交流。"人是一种符号的动物"，"人的符号活动能力（symbolic activity）进展多少，物理实在似乎也就相应地退却多少"①，进行思想和情感交流与人类的意识起源同步，通过说和听、写和读等所形成的人际交流是人的生存方式。

  语言学家索绪尔的一个功绩就是把言语（法语 parole 或英语 speech）和语言（法语 langue 或英语 language）加以区分，"言语和语言不能混为一谈"，言语是"人们说话活动的总和"，"执行永远不是由集体，而是由个人进行的，个人永远是它的主人；我们管它叫言语"；"语言是一种表达符号系统"，"它既是言语机能的社会产物，又是社会集团为了使个人有可能行使这种机能所采用的一整套必不可少的规约"，"它是言语活动的社会部分，个人以外的东西；个人不能独立创造语言，也不能改变语言；它只凭社会的成员间通过一种契约而存在。"②。

  索绪尔的这一思想已为当今的语言学家广泛接受并予以诠释。言语就是人们运用语言通过不同方式进行交流的过程，体现人们运用语言的具体特征，如发音或书写的特点、表达的风格和技巧以及某些非语言因素，等等。言语活动包括表达性活动，如说话、书写和印入性活动（如听话和阅读）。人们在进行言语活动时必须运用语言作为工具，语言就是由符号、语音、语义、词汇、语法等所组成的规则系统。这个规则系统既可以是人们

---

① 〔德〕卡西尔：《人论》，甘阳译，上海译文出版社，1985，第33页。
② 〔瑞士〕索绪尔：《普通语言学教程》，高名凯译，岑麒祥、叶蜚声校，商务印书馆，1996，第24—39页。

在思想交流中自然形成的，如英文和中文中的语法系统，这就是自然语言；也可以是人们在科学研究等特殊领域活动中人工产生的，如信号语言、计算机的程序语言以及某些由特殊需要而形成的密码中的规则系统，这就是人工语言。因此，"语言是社会的东西，而言语是个人的东西"，把语言和言语予以区分的意义在于"一方面使得语言作为表述系统来看，它的规约和社会性会得到进一步的重视，另一方面也使得言语作为个人表述的多样受到语言学家的关注"①。

言语和语言可以区分，但不可分离。言语和语言"是密切联系而且互为前提的，语言既是言语的工具，又是言语的产物"，"要言语为人所理解，并产生它的一切效果，必须有语言；但是要使语言能够建立，也必须要有言语"。对于言语和语言的关系，索绪尔从三个方面指出："从历史上看，言语的事实总是在前"，这就是说，从发生学的角度来说，先有言语，后有语言，而不是倒过来；然而，语言在言语活动中占首要地位，"我们最后还可以提出这样的论据：人们说话的机能——不管是天赋的或非天赋的——只有借助于集体所创造和提供的工具才能运用"；同时言语又不是被动的，"促使语言演变的是言语：听别人说话所获得的印象改变着我们的语言习惯"②，言语和语言之间相互作用。

在索绪尔的语言学基础上，西方学者提出了话语（discourse）概念，然而对此歧义丛生。福柯对话语理论起到了转换性的作用：话语由作为其原子的陈述组成，陈述与话语的关系，就像句子与文本的关系，因此"话语就是一些陈述群"③。话语就是按照一定关系所组成的陈述群。什么是陈述？福柯没有对此下定义，但说："陈述不是一个结构，它是一种从属于符号的功能，从而在它的基础上，我们能够通过分析或者直觉，陈述是否'产生意义'或'不产生意义'。"④对于陈述，海德格尔说，由于"话语根本惟发

---

① 文贵良：《何谓话语》，《文艺理论研究》2008年第1期。
② 〔瑞士〕索绪尔：《普通语言学教程》，高名凯译，岑麒祥、叶蜚声校，商务印书馆，1996，第32页。
③ 〔法〕福柯：《知识考古学》，谢强、马月译，生活·读书·新知三联书店，1998，第147页。
④ 〔法〕福柯：《知识考古学》，谢强、马月译，生活·读书·新知三联书店，1998，第107页。

生在对话中"①,因此陈述就是言谈者之间的对话,"陈述首先意味着展示","陈述也等于说是述谓","陈述意味着传达",简言之,"陈述是传达具有规定的展示"②。因此,从生存论的角度说,陈述作为"传达具有规定的展示"就是"此在"之间的辩证存在。这就意味着话语不仅离不开作为表层的言语和语言,而且是人的生存方式。在"此在"的生存状态中,人必须面临着通过选择而超越自身,而超越自身就是超越存在。话语把个体使用的言语和语言包括在内,话语的陈述群更有言语和语言无法容纳的内容,"因此有着更加强大的力量来承担人的生存","话语才是生存真正的家园"③。话语通达人的生存,是人区别于其他存在物的根据。

与人的生存相联系的话语,比由言语和语言组成内容的所指来得更多,"正是这个更多,使话语不可能归结为语言和言语,而我们正是要揭示和描述这个更多",因此"话语恰恰不是一个单纯的语言学概念,它更主要是一个多元综合的关于意识形态再生产方式的实践概念"④。这个"更多"就是福柯所探讨的话语的秩序,即"对生产话语和控制话语的原则或者说程序进行论述",即"在每个社会,话语的制造是同时受一定数量程序控制、选择、组织和重新分配的"⑤,包括外部控制和内部控制。前者主要体现为社会某些领域的"禁律"、对言谈者开放和禁止某些话语领域的原则,后者主要是"话语自身自行控制,即充当分类、排序、分配原则的那些程序",主要体现为通过评论,对话语进行"切割和冲淡",以此限制话语⑥。

这就是与意识形态再生产联系在一起的话语权。话语权就是通过意识形态再生产的语言产品支配他人的权力。"权力就是强制","使其他人去做他们本来不会做的事情"⑦。话语权固然离不开物理上的强制力,但主要体

---

① 〔德〕海德格尔:《荷尔德林诗的阐释》,孙周兴译,商务印书馆,2000,第41页。
② 〔德〕海德格尔:《存在与时间》,陈嘉映、王庆节译,生活·读书·新知三联书店,1987,第16页。
③ 文贵良:《何谓话语》,《文艺理论研究》2008年第1期。
④ 陈晓明:《解构的踪迹:历史、话语、主体》,中国社会科学出版社,1994,第64页。
⑤ 〔法〕福柯:《话语的秩序》,肖涛译,载许宝强、袁伟编:《语言与翻译的政治》,中央编译出版社,2001,第3页。
⑥ 〔法〕福柯:《话语的秩序》,肖涛译,载许宝强、袁伟编:《语言与翻译的政治》,中央编译出版社,2001,第20页。
⑦ Jane Mansbridge, Using Power/Fighting Power, *Constellations*, 1994, 1 (1).

现在处于不同话语地位的人群中所形成的精神上的影响力甚至支配力。话语中内含着话语权。然而，话语中的话语权可以自在地存在着，也可以自觉地存在着，就后者而言，需要多种元素相结合的建构，使与主体意愿相一致的话语在社会意识形态中不断地形成。由此，我们就可以理解话语中的话语权是"意识形态再生产方式的实践概念"。

话语中多种元素相结合的建构就使得在话语权的实施过程中存在着话语主体、话语中介和话语客体。话语存在于交流之中，这就意味着话语交流双方都是话语主体，这既是指话语交流一方的生产和传播主体，也是指话语交流另一方的接受主体。话语的生产主体和传播主体可以是同一个主体，也可以是不同主体，但两者交融在一起而处于话语交流的一方。在话语交流中，话语的生产和传播主体以能动的方式生产话语并利用传媒中介传播话语，话语的接受主体也利用自身的能动性并利用传媒中介对话语的选择和进展起作用，作为客体的话语就形成在话语交流的过程中。话语的生产和传播主体对话语过程的控制就是以话语权的形式体现在话语主体、话语中介和话语客体相互作用的过程中。

在一般的话语交往过程中，往往融为一体的话语的生产主体和传播主体与话语的接受主体的身份不是一成不变的，而是不断地转化的，与话语主体联系在一起的话语权也随之不断地转化。在特殊的话语交往过程中，话语的生产主体和传播主体往往分开，并且话语生产和传播主体尽管与话语接受主体也会互易位置，但主要固定在话语交往过程的一端，由此话语权就比较明显地体现话语过程的一端。

二 思想政治理论课中话语权的要素分析

思政课是社会主义新时代国家意识形态教育的主渠道和主阵地，是大中小学校落实立德树人的关键课程。思政课中的话语权就是在作为特殊的话语交往过程即思政课的话语交往过程中，话语的生产和传播主体对于思政课话语交往过程的控制权。它是在思政课的教学过程中，话语双主体（话语生产和传播主体以及话语接受主体）、话语传媒中介和话语客体之间的相互作用中体现出来的。兹对思政课中话语权的要素作些分析。

（一）思政课话语的主体

话语主体回答的是"谁在说"和"谁在听"的问题。思政课话语主体就是思政课话语的生产和传播主体和思政课话语的接受主体，两者分别位于思政课话语交往活动的两端。

思政课话语的生产和传播主体可分为间接主体和直接主体。在间接主体中又可分为两个层次：其一，思政课必须体现党和国家的意志，传递党和国家的政策文本。党和国家的政策文本一般以理论化的形式呈现出来，是思政课话语生产和传播之源。就本论题而言，党的十八大以来，习近平总书记对社会主义核心价值观进行了大量的阐释，形成了习近平总书记关于社会主义价值观的重要论述，为当代中国价值观建设提供了根本遵循。党和国家由此就成为思政课话语生产和传播的间接主体。其二，思政课话语的生产和传播与教材的编写和审定及相关管理机构联系在一起，教材编写和审定专家及相关管理机构就成为思政课话语的间接主体，其职责就在于把以理论化形式呈现出来的党和国家的政策文本，通过具有学理阐述的逻辑体系以教材话语即"知识的概念化和系统化"的形式呈现出来。"要加强思政课立体化教材建设，积极推动教材、教师用书、学生用书、多媒体课件、在线慕课等齐抓共上。"① 把社会主义核心价值观以一体化的形式融入大中小学的思政课话语体系之中，"立体化教材建设"是其中的重要环节，体现着"顶层设计"，这正是教材编写和审定专家及相关管理机构的一个重要任务。上述两个间接主体主要与思政课话语的生产联系在一起，但也具有传播的功能。

教师是思政课话语生产和传播的直接主体。如果说间接主体在思政课的话语产生和传播中的作用是隐性的，那么直接主体的作用就是显性的。这种显性作用就在于，把党和国家的政策文本所转化而成的教材话语，进一步转化为每一堂思政课中的教学话语。为了能使学生更容易理解教材中所阐述的以理论化形式呈现出来的党和国家的政策文本，教学话语即课堂中的语言不仅必须正确地阐释教材，而且必须使接受主体感到可以并愿意

---

① 靳诺：《思政课坚守初心践行使命的根本遵循》，《前线》2019年第12期。

接受。这就要求教师用心于选取话语内容、选配话语方式。"思想政治理论课教学最核心的任务,就是在课堂上把概念化、抽象化的知识转化成为大学生所接受和认可的行动指南,实现教育者和受教育者之间的沟通","思想政治理论课教学能否由教材话语转换为教学话语和转换的程度决定了思想政治理论课教学的效果"①。课堂效果主要取决于教师的教学能力,它涉及教师在教学活动中在了解教学对象对于信息的传递和接受能力的基础上,确立教学目标、设计教学内容、选择教学方法、安排教学进程、调控教学过程。作为思政课话语生产和传播直接主体的教师主要与思政课话语的传播联系在一起,但也具有生产的功能。

在思政课中与话语生产和传播主体相对应的是接受主体,这就是参加思政课的大中小学的学生。在思政课的话语中,由于话语形成在两个主体的交往过程中,接受主体不是被动地接受话语生产和传播者的话语,而是必然会在话语交往中发挥其能动性。接受主体的能动性体现在两个方面:

一是接受主体对于话语的选择,即选择接受或不接受。在思政课的课堂教学中,接受主体会根据已有的认知框架对于接受对象发生认同效应,接受主体会选择那些与其已有的认知相一致的话语作为接受内容,而将那些与其认知相左的话语排斥在接受范围之外。"我们不知道有任何一种力量能够强制处在健康清醒状态的每一个人接近某种思想。"② 不能强制使"处于健康清醒状态"的任何一个个体接受并认同某一种社会价值观念,这对于一般个体主体来说是如此,这对于以个体主体形式呈现的每一个大中小学学生来说也是如此,这就是恩格斯所谓的"思维的至上性"。这个"思维的至上性"正是接受主体能动性的重要体现。

二是接受主体对接受内容予以评判。在思政课的课堂教学中,作为话语交往中的接受主体会根据自身的思想认识以及社会实践,从接受主体自身的利益出发,对接受对象予以评判,使之个性化,并把这种评判意见自觉或不自觉地反馈给话语交往的另一方,使另一方在话语生产和传播中发生内容和方式的变化。这种反馈活动表明,作为思政课堂教学中话语接受

---

① 吴宏亮:《论高校思想政治理论课话语体系的"三个转换"》,《思想理论教学导刊》2014年第3期。

② 《马克思恩格斯选集》第3卷,人民出版社,1995,第426—427页。

的主体在一定程度上已经转化为话语的生产和传播主体。然而在思政课堂教学中教师必须以话语生产和传播主体的方式控制话语权,这就体现了在话语权控制中两个话语主体之间的辩证法。接受主体对接受内容的评判正是接受主体能动性的又一个体现。

(二)思政课话语的客体

话语客体回答的是"说什么"的问题,其本质是"构成思想政治理论课话语体系的思想意识、价值观点和道德规范等内在因素的总和"[①],并以独立于主体的感性形式呈现出来。

思政课话语客体的生成与话语生产和传播主体联系在一起,必须把体现党和国家意志政策话语的理论体系作为"原初话语",否则就没有"灵魂";必须把以理论体系形式呈现的政策话语转化为教材话语,否则就没有"骨骼";还必须进一步把教材话语转化为教学话语,否则就没有活生生的"肉体","灵魂""骨骼"和"肉体"哪一个都不能缺少。思政课话语客体的生成也与话语接受主体联系在一起。在思政课的话语交流中,接受主体具有与年龄相关的大中小学的阶段性,不同阶段学生的认知框架不同,认知特点不同;接受主体具有与社会环境相关的差异性,处于不同社会环境的学生的认知需要和认知兴趣不同。接受主体的年龄阶段性和社会环境差异性决定了话语样式和话语内容,当话语接受主体不认同话语生产和传播主体的内容时,就会促使话语生产和传播主体改变话语内容或传播方式。这是教材设置和教师课堂讲授时必须予以考虑的,由此就使思政课话语客体的生成体现出不同的特点和差异性。

思政课的话语客体是思政课话语生产和传播主体与话语接受主体相互作用的结果。在思政课话语交往过程中,思政课话语生产和传播主体通过与话语接受主体的相互作用,对于话语客体的形成起着主要作用。由此,我们就可以用思政课的话语客体来分析并调整话语生产和传播主体与话语接受主体之间的相互作用,并进一步分析评判思政课的话语权,即评判话语生产和传播主体对于思政课话语交往过程的控制权。正是从这个意义上,

---

① 何理:《思想政治理论课话语体系生成和发展研究》,人民出版社,2015,第54页。

我们可以说，作为结果的话语客体又对话语生产和传播主体与话语接受主体的相互作用发生反作用。

（三）思政课话语的传媒中介

话语传媒中介回答的是"怎样传播"的问题，通过话语媒介使话语生产和传播主体与接受主体之间发生相互作用，并使这种相互作用作用于话语客体。话语传媒中介在思政课话语交往活动中发挥着纽带、强化、储存等功能，话语内容的实施、话语交往方式的运用以及两主体之间互动关系的形成，都离不开话语媒介。

"高等学校思想政治理论课是大学生思想政治教育的主渠道"，"充分发挥课堂教学在大学生思想政治教育中的主导作用"①。这两个命题对于大学的思政课是如此，对于中学和小学的思政课也是如此。思政课是主渠道，思政课话语传播最为基本的传播媒介是大中小学的思想课课堂，课堂中教师呈现话语内容所涉及的传播媒介包括文本、影像、多媒体工具等。

尤其需要提到的是以数字技术为基础、以网络和移动技术为载体的新媒介对于思政课话语交往的影响。信息时代网络已经渗入到人们生活的方方面面，一台电脑、一部手机就使个体与整个世界联结在一起。网络的开放性、虚拟性和即时性，使话语交往变得轻松和自由。当今的青少年作为出生和成长在这种语境下的"网络原住民"，其话语习惯和喜好带有明显的网络话语烙印，他们的阅历、兴趣点和认知特点往往使他们更容易受到网络语言的影响。思政课中原有的严肃表达和抽象理论，在各种图画、动图、漫画、表情包、弹幕、短视频、人工智能等网络多元化表达和语境中，遭遇到了"魅力"危机；思政课中原有的自上而下的单向传播方式，在新媒体的匿名性、虚拟性所形成的话语交往平等轻松语境中，遭遇危机。由此，如何通过媒介尤其是数字媒介，把思政课教材语言变成学生喜欢、认同并乐于接受的教学话语；把"传统的控制式和劝导式向对话式、平等和民主式转化"，就成为大中小学思政课各课程教学改革的重要议题。

在大中小学思政课的话语交往活动中，话语生产和传播主体与话语接

---

① 《中共中央国务院关于进一步加强和改进大学生思想政治教育的意见》（中发〔2004〕16号文），http://www.gxgsxy.com/public/xgzx/gzzd/2018/05/31/15274630716.html。

受主体之间通过相互作用形成矛盾，在两个主体相互作用中形成的话语客体以及话语传媒中媒介与双主体之间的矛盾又相互作用，由此就形成了思政课话语中的多重矛盾。在这多重矛盾中，双主体之间的矛盾是主要矛盾，而话语生产和传播主体则是主要矛盾中的主要方面，由此也就成为思政课话语多重矛盾的主要方面。这是思政课话语权要素分析的"牛鼻子"。抓住了这个"牛鼻子"就能坚持大中小学思政课中的话语权。

三 提升社会主义核心价值观一体化地融入思政课中话语权的思考

社会主义核心价值观是中国特色社会主义新时代主导意识形态的总体价值规定，体现了党和国家的意志，以政策文本理论体系的形式体现出来。如果说，党和国家意志及政策文本的理论体系是思政课的"原初话语"，那么社会主义核心价值观就是其中的精髓。对此，习近平指出，"加强社会主义核心价值观教育，引导学生自尊自信自立自强"，这是"育德树人"的根本大事①。将社会主义核心价值观作为大中小学思政课一体化的精神引领和思政课程的价值灵魂，是深化思政课"内涵式发展"的关键。在社会主义核心价值观对大中小思政课一体化引领中提升其在思政课中的话语权，这是思政课建设是否取得成效的题中应有之义。

毋庸讳言，自党的十八大以后，尽管社会主义核心价值观融入大中小思政课取得了很大成绩，但问题仍然存在，这就是大中小学校的思政课教学出现的"话语抵销"问题。这个问题集中体现在教育部长陈宝生说的，思政课堂上"抬头率不高，人到了心没有到"的现象上②。为提高社会主义核心价值观一体化地融入大中小学思政课的有效性，兹对这种"话语抵销"现象作以下几点思考。

（一）提高思政课话语交往中的针对性

思政课上所讲授的"内容不适合他们的需要"就在于针对性不强。造

---

① 习近平：《办好思政课，是我非常关心的一件事》，《求是》2020年第17期。
② 《在人大十二届五次会议记者会上教育部长陈宝生就教育改革问题对记者答问》，http://www.xinhuanet.com/politics/2017lh/live/20170312b/index.htm。

成"针对性"不强的原因很多,我们就论题而言,在传统思政课的具体教学中形成了大中小学相互分离、相互割裂的结构,由此产生教育内容上的空缺和重复,从而缺乏针对性。"在大中小学循序渐进、螺旋上升地开设思想政治理论课非常必要",思政课教学话语的"循序渐进、螺旋上升"正是解决"针对性"的重要举措。为此,"要把统筹推进大中小学思政课一体化建设作为一项重要工程,推动思政课建设内涵式发展"[1]。"将大中小学思政课一体化定位为一项整体工程,这不仅是促进思想政治教育发展的内在要求,也是思政课改革创新的必然趋势"[2],这对于社会主义核心价值观融入大中小学思政课而言尤其是如此。

把社会主义核心价值观作为思政课一体化的精神引领,不是强调"一刀切",而是在核心价值观的"全局"观照下,根据大中小学生的不同认知水平,对思政课的融入内容在不同阶段教育对象中的目标与任务进行区别化设计,形成相互衔接的大中小思政课程体系的教材话语和与之相对应的课堂话语。由此,"努力做到每一堂课不仅传播知识,而且传授美德,每一次活动不仅健康身心,而且陶冶性情,让同学们都得到倾心关爱和真诚帮助,让社会主义核心价值观的种子在学生们心中生根发芽"[3]。这样就能使思政课的教学话语具有针对性。

(二)强化思政课教学话语生产和传播的主体性

为了把握思政课的话语权,根据话语生产和传播主体的层次性,首先,要不断形成与党和国家的意志联系在一起的政策话语,习近平新时代中国特色社会主义理论及社会主义核心价值观是思政课最重要的原初话语。其次,要把体现党和国家意志的原初话语转化为教材话语。要把用社会主义核心价值观的精神引领来统筹推进大中小学的思政课建设作为一项重要工程来实施,作为题中应有之义,就是要统筹推进大中小学的思政课教材建设,在教材建设中坚持政治性与学术性、时代性与逻辑性的统一。再次,

---

[1] 《习近平主持召开学校思想政治理论课教师座谈会》,《人民日报》2019年3月18日。

[2] 张彦、韩伟:《以核心价值观引领大中小学思政课一体化》,《学校党建和思想教育》2020年第4期。

[3] 姚瑜平、张淑虹、张利英:《习近平:办好思政课,是我非常关心的一件事》,http://www.qstheory.cn/zhuanqu/2020-09/01/c_1126437578.htm。

建设好思政课教师队伍,"办好思想政治理论课关键在教师"①。"当课堂上出现问题时,拥有较高认知水平的教师,更善于选择新的教学策略,唤起学生的注意,给学生以积极的反馈,不仅能够很好地解决课堂上出现的各种问题,而且能够充分地利用课堂上出现的问题,引发学生的深入思考。"② 这就意味着拥有较高认知水平的教师作为直接主体,在思政课话语中不仅主要与传播相联系,而且也具有再生产功能。

为强化思政课教学生产和传播的主体性,需要研究思政课话语生产和传播主体三个层次之间的辩证关系。与党和国家的意志联系在一起的、凸显为社会主义核心价值观的政策话语是原初话语,是思政课话语的灵魂,因此党和国家尽管是间接主体,但在根本上对思政课的话语权发生作用。然而,原初话语必须转化为以社会主义核心价值观引领的体现政治性与学术性、时代性与逻辑性相统一的教材话语,才能在思政课的教学中发生作用,这就决定了教材编写和审定专家及相关管理部门作为间接主体在思政课话语权的重要作用。教师直接面向作为接受主体的大中小学生,思政课的话语权必须通过教师在课堂上把教材话语转化为教学话语与接受主体之间的相互作用而体现出来,教师的教学实践必然会反作用于作为间接主体的教材编写和审定专家及相关管理部门,从而又以某种方面反作用于作为间接主体的党和国家的相关部门。在思政课话语的生产和传播中,主体的三个层次是相互作用的。为提高社会主义核心价值引领思政课的话语权,必须认真地研究这三个层次之间的相互作用,以强化思政课教学话语生产和传播的主体性。

(三)发挥思政课教学话语接受主体的能动性

根据接受主体在思政课话语交流中的能动性,为实现融入社会主义核心价值观的思政课的话语权就必须调动接受主体的能动性。"不注意心理发展的节律和性质是教育上呆板无效现象的主要根源"③,一个人的思想品德,

---

① 《习近平主持召开学校思想政治理论课教师座谈会》,《人民日报》2019 年 3 月 18 日。
② 查啸虎:《如何成为骨干教师》,安徽师范大学出版社,2013,第 63 页。
③ 〔英〕罗素:《教育的目的》,《现代西方资产阶级教育思想流派论著选》,人民教育出版社,1980,第 126 页。

实际上是心理活动产生和发展的过程。因此,在把体现党和国家意志的原初话语转化为教材话语时,必须根据学生不同年龄阶段的心理状况,编写适合小学、中学和大学的教材体系,以与不同年龄阶段接受主体的认知结构相契合;在思政课的课堂教学过程中,注意教学话语的生活性和生动性,使接受主体产生兴趣,使接受主体对教学内容予以评判,使教学过程形成互动,以发挥接受主体的能动性。下面着重阐述关于"教导文明"和"问题意识"问题。

在社会主义核心价值观一体化融入思政课的过程中,不仅需要"教导文明",而且需要"对话文明"。如前所述,在思政课话语体系中,接受主体作为主体具有能动性,不仅在于对话语具有选择接受或不接受的选择性,而且在于对接受内容予以评判,并把评判内容自觉或不自觉地反馈给另一方,由此就形成了思政课中两个主体之间的对话。"对话文明"要求教育过程中贯彻民主原则,营造民主的教学环境,使接受主体能自觉地反馈评判意见,从而使作为主体的教育者与受教育者在宽松和轻松的氛围中相互作用。

由于传统教学的一言堂,"对话文明"尤其要鼓励和发挥受教育者的主动性和积极性。这就要尊重受教育者表达自己想法的权利,使受教育者在民主宽松的环境下把自己的真实想法表达出来,这是对作为主体的受教育者人格尊重的一个重要方面。这就要求思政课教师必须在教学中贯彻民主原则,这不仅在于体现在教学方式上,更在于要凸显在体现为人格尊重的民主意识上。教育者与受教育者之间的关系绝不是主宰和被主宰的关系,在人格上他们都是平等的。教育者一定要明白受教育者作为主体具有平等的人格。

伽德默尔认为,对于被理解东西的理解,"解释者自己的视域起决定性作用"①。受教育者总会根据自己的情况对教育者所传授的理论形成不同的意见,这种意见无论合理或不合理都是很宝贵的。从根本上说,作为导向的社会主义核心价值观的生命就在于不断地与所处时代接触,这就意味着要不断地汲取人们价值观念变化的内容,以丰富、修正自身;而离开导向

---

① 〔德〕伽德默尔:《真理与方法——哲学诠释学的基本特征》,洪汉鼎译,上海译文出版社,2004,第391页。

中的"对话文明",要丰富、修正自身是不可能的。就思政课而言,学生的反馈意见一方面能使教育者的教学话语不断完善,另一方面也能使教育者知道受教育者的思想情况,从而使教育更有针对性。这里的教育者既包括直接教育主体,也包括间接教育主体。这就是人们常常说的,教学相长。

在把社会主义核心价值观融入思政课的话语交往中就应该引导学生形成问题意识,这是发挥思政课教学话语接受主体能动性的重要方面。问题是"既不知道又知道"的统一,即以必要知识为前提而体现出来的关于对象无知的自觉意识状态。认识只能起源于问题,"科学和知识的增长永远只能始于问题,终于问题——愈来愈深化的问题,愈来愈能启发大量问题的问题"[1]。问题意识就是在对问题意蕴的思考中形成的"使思想自觉其为思想"[2]的意识状态,包含三个方面:第一,重视提出问题。爱因斯坦认为,"提出新的问题,新的可能性,从新的角度去看旧的问题,却需要创造性的想象力,而且标志着科学的真正进步。"[3] 第二,把问题放置在"特定背景"中。伽达默尔认为:"问题使被问的东西转入某种特定的背景中。"这就是说,问题作为关于对象无知的自觉意识在"被提出"过程中,就被置于特定前提下,即"既预设了开放性,同时也预设了某种限制"[4]。第三,问题是我们时代的实际呼声。根据"月印万川"的全息论思想,社会问题总是直接或间接地与时代精神联系在一起的。马克思说,问题"是表现时代自己内心状态的最实际的呼声"[5]。研究问题必须揭示其所体现的时代精神的意蕴。

(四)调动思政课教育话语媒介的多样性

在信息时代,要把社会主义核心价值观一体化融入大中小学的思政课教学过程,必须充分利用数字的全媒体技术。现代教学的一个基本要求是设计和开发各类优质数字化教育资源并在教学过程中熟练地运用数字化教

---

[1] 〔奥地利〕波普尔:《科学知识进化论:波普尔科学哲学选集》,纪树立编译,生活·读书·新知三联书店,1987,第84页。
[2] 〔德〕黑格尔:《小逻辑》,贺麟译,商务印书馆,1980,第39页。
[3] 〔美〕爱因斯坦:《物理学的进化》,周肇威译,上海科学技术出版社,1982,第59页。
[4] 〔德〕伽达默尔:《真理与方法》,洪汉鼎译,上海译文出版社,2004,第471、486页。
[5] 《马克思恩格斯全集》第1卷,人民出版社,1995,第203页。

育资源。这就要求在构建思政课中的课件和积件数字化教学资源中,把社会主义核心价值观念一体化融入的思想贯穿其中,要求形成体现教师教学个性的课件和积件数字化教学资源,要求教师具有与数字化教学资源相适应的教学方法。这是数字化时代对思政课教学和教师的一个新要求。关于这个问题我们在后面还要专门予以研究。

【执行编辑:杨丽】

论社会主义核心价值观中的法德共济

吴 宁 刘金凤[*]

【摘 要】 社会主义核心价值观是公民道德的重要体现，是在社会发展的历史进程中形成的被社会大众所普遍认可的价值观念。以德治国的核心在于公民道德建设，践行社会主义核心价值观在公民道德建设中有着至关重要的作用。树立法治信仰是社会主义核心价值观在社会层面所要求的，法治是实现自由、平等、公正的根本保证。社会主义核心价值观体现了德法共济。

【关键词】 法治；德治；社会主义核心价值观

任何一个朝气蓬勃向前向上的国家和民族都一定会有明确的价值引领，价值观是人们心中的深层信念系统，核心价值观能否与时俱进直接影响到一个国家的凝聚力和影响力。2012年10月，党的十八大提出以富强、民主、文明、和谐、自由、平等、公正、法治、爱国、敬业、诚信、友善为内容的社会主义核心价值观。2013年10月在北京召开了中国共产党第十八届中央委员会第四次全体会议，全会制定并通过《中共中央关于全面推进依法治国若干重大问题的决定》（以下简称《决定》）。《决定》中明确提

---

[*] 吴宁，上海师范大学马克思主义学院教授、博士生导师。刘金凤，上海师范大学马克思主义学院博士研究生。

出:"国家和社会治理需要法律和道德共同发挥作用。必须坚持一手抓法治、一手抓德治,大力弘扬社会主义核心价值观……"① 德、法宛如车之两轮、鸟之双翼,国家长治久安必须坚持依法治国和以德治国相结合,社会主义核心价值体系是兴国之魂,决定着中国特色社会主义发展方向,同时社会主义核心价值体系引领社会思潮、凝聚社会共识②。

一 社会主义核心价值观视域下的法治

社会主义核心价值观是对社会主义本质、中国精神、价值资源的高度概括和提炼,在法治实践中注入社会主义核心价值观,为社会主义法治建设提供精神支持与道德力量,并以法治承载价值理念,为弘扬社会主义核心价值观提供制度保障,从立法、执法、司法、守法等多种渠道的制度完善与技术水平的提升等方面推动社会主义核心价值观成功融入法治建设,推动社会主义核心价值观入法入规。"入法"指的是社会主义核心价值观要融入法律法规,而"入规"指的是社会主义核心价值观融入所有的社会管理规范性文件的情况,如专门规范性文件、管理意见、村规民约等。

社会主义核心价值观提倡自由、平等、公正和法治,体现了马克思主义的基本要求,反映我国社会主义社会的理想价值,是党和人民长期追求的核心价值理念。社会主义核心价值观是人们对社会价值性质、构成、标准各评价的根本看法和态度,不仅是马克思主义与社会主义现代化建设相结合的产物,而且是我们党凝聚全党全社会价值共识作出的重要论断。社会主义核心价值观将"依法治国"作为社会建设的目标,并不断建设和完善,可以有效地保障公民的基本权利,实现自由、平等和公正。依法治国就是法治传统在治国理政进程中的新发展。社会主义核心价值观是全面推进依法治国的价值引领的依据主要有:第一,社会主义核心价值观确立了我国法治建设的根本价值目标;第二,社会主义核心价值观确定了法治建设

---

① 《十八届四中全会公报》,(2014-11-10)[2015-03-02].http://www.js.xinhuanet.com/2014-10/24/c_1112969836.html.
② 胡锦涛:《在中国共产党第十八次全国代表大会上的报告》,(2012-11-18)[2015-03-02].http://cpc.people.com.cn/n/2012/1118/c64094-19612151.html.

的基本价值取向；第三，社会主义核心价值观明确了法治建设的基本价值准则。社会主义核心价值观回答我们为什么要建设法治，要建设什么样的法治，要坚持什么样的法治发展方向和发展道路等法治建设中的根本问题。面对社会转型时期多元利益格局和多样化的社会利益诉求，错综复杂的社会矛盾和冲突，法治领域多元社会思潮和西方宪政民主思潮对我国法治建设的渗透和挑战，社会主义核心价值观对国家法治建设提出了根本要求，为统一全社会法治思想观念、凝聚普遍法治共识、形成和坚定公民法治信仰奠定了坚实的价值基础[①]。培育和践行核心价值观与宪法联系起来不仅是对党的十八届四中全会提出的"坚持依法治国首先要坚持依宪治国，坚持依法执政首先要坚持依宪执政"号召的解读，而且有助于化解"政治强奸法律"的误读。我国宪法总纲在结构上包括政治制度、经济制度、社会制度、文化制度等内容，直观反映了核心价值观在国家和社会层面的精神，体现为国体，即社会主义制度。

"富强"这一价值要求从表面上看与法治建设没有太大联系，但是稍加分析就不难发现，两者之间密不可分。法治建设的顺利推进，必须要有一定的物质基础。法治完备的国家必须是以一定的经济发展作为前提的，经济落后的国家很难甚至根本就不可能拥有健全的法制体系。"民主"本身就与法治联系紧密，两者是不可分离的。民主兴，法治才会兴；法治兴，民主才会兴。没有真正的民主，就没有真正的法治；没有真正的法治，也不可能有真正的民主。法治本身就是文明的产物，是人类文明的构成部分，也是文明发展的重要成果，是文明进步的重要标志。当代世界，一个国家或社会要赢得"和谐"，就必须依赖法治建设，依赖法治提供良好的制度前提、秩序环境和国家保障。没有法治，必无和谐。因此，和谐是法治能够顺利推进的前提，法治是和谐能够得到持续维护的最有力的制度保证。在法治社会中，自由就是做法律许可的事情。法律是自由的边界，是自由的保障；自由是法律的目的。法律不是为了限制自由或剥夺自由，而是为了保障最大限度的自由，是为自由服务的。"平等"是法治建设追求的目标之一。运用法律实现与维护平等是有效的途径之一。因为法律直接为实现平

---

① 刘旺洪：《社会主义核心价值观是中国特色社会主义法治的灵魂》，《红旗文稿》2017年第3期。

等确立了制度根据，也为平等提供了检验尺度，还为平等提供了保护措施。公正，是法治最崇高的价值追求，是人世间最美好的价值目标。法律本身就内含着也体现着爱国的价值诉求，法律不但不反对而且还引导着人们理性爱国、依法爱国。爱国会因法律的存在而获得神圣、正当、持久的合法性，爱国也不能突破法律、危害法律。法律要对敬业予以价值上的肯定，保护每一个从业者的合法权益，使劳动者、敬业者的劳动得到尊重、权益得到保障。对于违约失信者进行法律制裁既是对法律秩序的维护，也是对道德准则的维护，符合社会主义核心价值观的要求，也是社会主义法治建设的要求。友善同样是法律的追求，法律为构建友善的人际关系提供了重要的制度机制。完善弘扬社会主义核心价值观的法律政策体系，把社会主义核心价值观要求融入法治建设和社会治理。

二 社会主义核心价值观视域下的德治

爱国、友善、自由、平等、公正等社会主义核心价值观的内容，正是对传统道德观念的创造性转化、创新性发展。社会主义核心价值观凝练了中国社会所有道德文化的精髓，依托道德的强大舆论力量支撑人们对法律的信仰和认同，使法律权威、法治理念真正植根于民心、民意、民情，潜移默化为国民的日用常行之道。如果说"依法治国"彰显的是一种工具理性和刚性的治国方式，那么"以德治国"体现的则是一种价值理性和柔性的治国方式，只有两者相结合，刚柔相济，才能推进国家治理体系与治理能力的现代化，更好实现国家的治理目标。道德对法律有很强的引导、支撑、涵养作用。我们应大力培育和弘扬社会主义核心价值观，拓展社会主义法治的道德内涵，让正义得到伸张、善良得到弘扬。"以德治国"的关键是积极培育与践行社会主义核心价值观，要使社会主义核心价值观进入亿万中国人的心灵，任何强制方式显然是不会长久管用的，因为人们的价值理想、思想道德领域的问题，是很难用一蹴而就的简单方式来解决的，必须采取"春风化雨、润物无声"的柔性方式，只有这样才能将社会主义核心价值观内化于心，成为人们的自觉信仰。"倡导"是一种比较好的柔性方式，因为既然是"倡导"，就意味着不是用强迫命令的方式加以灌输，而是通过牢牢掌握意识形态工作的领导权和主导权,坚持正确导向,提高引导能力,壮大主流思想舆论;通过核心价值观的日常化、具体化、形象化、生活化,使核心价值观的影响像空气一样无所不在、无时不有,以便于人们在学校、家庭、企业、机关等各种场所进行学习研读,时刻牢记心中;通过互联网、广播电视、报纸杂志等各种媒体进行长期的积极的有效的宣传,以形成良好的道德舆论氛围。只有经过精心培育才能使社会主义核心价值观内化于心,从而引导不同阶层所构成的人群形成价值共识。核心价值观的养成绝非一日之功,要坚持由易到难、由近及远,努力把核心价值观的要求变成日常的行为准则,做到落细、落小、落实。只有使社会主义核心价值观外化于行,成为每个公民的自主选择与自觉践行,才能发挥其积极的作用。用社会主义核心价值观来统摄制度设计、政策法规制定和司法行政行为,才能扩大核心价值观的影响力和促进核心价值观的最终落实。

"德治"是通过公民道德建设,形成一种公平被普遍接受并且愿意遵守的社会价值观,将这样的价值观作为自己行为和思想的准则。与"法治"的外在强制不同,"德治"强调的是公民的内心自觉,通过社会价值观的建设引导公民的行为。习近平强调:"核心价值观,承载着一个民族、一个国家的精神追求,体现着一个社会评判是非曲直的价值标准……这其实就是一种德,既是个人的德,也是一种大德,就是国家的德、社会的德。国无德不兴,人无德不立。如果一个民族、一个国家没有共同的核心价值观,莫衷一是,行无依归,那这个民族、这个国家就无法前进。"[①] 历史上国家的治理、政权的巩固、社会的稳定与人民的幸福都离不开核心价值观的支撑,核心价值观的形成是国家政治特别是德治的重要组成部分,德治则是核心价值观的有效载体。道德是一种依靠内心诚服的信念,没有操作性的道德诉求一旦进入法律,不但不能够使其成为法律现实,反而会导致法律的虚妄。社会主义核心价值观是我国道德之本,既具有鲜明的传承特征,又具有鲜明的创新特征。社会主义核心价值观是对社会层面的价值导向和道德要求,指引公民的道德建设,公民的道德建设必须紧紧围绕社会主义核心价值观开展。

---

① 习近平:《青年要自觉践行社会主义核心价值观——在北京大学师生座谈会上的讲话》,《人民日报》2014年5月5日。

社会主义核心价值观是公民道德建设的导向。中国由一元社会转型为多元社会，由封闭的社会转型为开放的社会，伴随着新旧道德观念的冲击，这些给当前公民道德建设带来前所未有的挑战，并出现了一些道德失范现象。必须加强全社会的思想道德建设，激发人们形成善良的道德意愿、道德情感，培育正确的道德判断和道德责任，提高道德实践能力尤其是自觉践行能力，引导人们向往和追求讲道德、尊道德、守道德的生活，形成向上的力量、向善的力量。通过对反腐、摔倒老人扶不扶、共享单车遭破坏、安乐死、中国式过马路、"医托"、"感动中国"人物评选等当今社会热点问题的讨论，可以看到道德在其中占据的重要地位。因此，必须将社会主义核心价值观与道德建设相融合，统领公民道德建设向着利于社会主义事业建设发展的轨迹上不断前进。

社会主义核心价值观既简洁明了又易于遵守，是公民道德建设的核心内容。公民是道德建设的主体，既是现实的具体存在，又是一种社会关系范畴。社会主义核心价值观支撑公民道德建设。核心价值观是公民判断事物是非的依据和标准，也是公民的一种行为准则。社会主义价值观是坚持以人民为主体，实现全社会平等、公平、正义的价值观。公民道德建设的实质是建立一种被社会普遍接受，对人民有利，对社会公平有利的价值观念，再将这种价值观念内化为每个公民自身的行为标准。社会主义核心价值观既是一种以人为本的价值观念，又是被人民普遍接受的行为准则，是公民道德建设的内在支撑。社会主义核心价值观是公民道德建设的组成部分。核心价值观在思想范畴反映公民对社会价值的普遍认同。公民道德建设在现实层面反映着社会的经济状况，反映人与人之间、人与社会之间的现实要求，是社会价值。思想层面的夯实基础是现实层面建设的客观需要。"德性"是中国法律的灵魂和"锚点"，又是法律的力量源泉。安顿个体身心、维护群体主流文化（信仰），我们需要仰赖德治以发挥德润人心的作用。教化人才、保障贤者在位，我们需要学习德治经验以抓住"关键少数"，确保法治的实施。防止法律在内容上为非以及克服法治的内生矛盾，需要法治与德治协同发力，"以人存道"，以人来应对规则僵化问题。因此公民道德建设包含着核心价值观的建设，公民首先应该在思想层面进行核心价值观的建设，从而深化现实生活的道德建设。

三 社会主义核心价值观视域下的法德共济

人类对于仁爱、救助、见义勇为、履行法定义务等行为的道德法律判断有相似之处，尽管它们不被称为"社会主义核心价值观"，却构成所处时代的道德法律判断，是所处时代的核心价值观。这说明将一些基本的道德上升为法律，让道德入法入规，可使德治与法治结合并相得益彰。"没有道德滋养，法治文化就缺乏源头活水，法律实施就缺乏坚实社会基础。"① 法律乃至整个国家的治理体系、治理措施和治理行为应是核心价值观的体现，它们公正与否以及能否由此获得良效，即让人民体会到国家对社会资源与公共利益的公正分配，是公众判断核心价值观是否公正、是否合理的主要依据，直接关系到公众对其的道义性认同。在社会治理实践中，法治与德治很难形成合力。因而有必要从国家社会治理的角度，运用价值正义理论的核心理念和基本原则，进一步阐释社会主义核心价值观。作为法与德统一根据的伦理至善核心价值，即"富强、民主、文明、和谐"。坚持依法治国和以德治国相结合，社会主义核心价值观深刻体现了法德共济，社会主义核心价值观的建设把法治和德治紧密结合成一种国家治理方式，不可随意抛弃任何一个，两者不可或缺、不能相互代替。法治属于政治建设、政治文明，德治属于思想建设、精神文明。两者范畴不同，但其地位和功能都是非常重要的。法治以其权威性和强制手段规范社会成员的行为，德治以其说服力和劝导力提高社会成员的思想认识和道德觉悟。只有不断提高人民的道德素质，增强道德约束力，将法律建立在民族的伦理道德之上，才能缓解道德和法律的对立局面，以礼法的互动来保证国家的法治建设的正常发展。社会主义核心价值观不仅在公民道德建设中起到关键作用，而且强调法治在国家治理中的重要地位，有助于提高公民对法律的信仰。法律是成文的道德，道德是内心的法律。以社会主义核心价值观为引导，凝聚全民守法的道德共识。社会主义核心价值观是整个社会评判是非曲直的价值标准，也确立了我们每个人应当依循的道德准则。法律和道德都具有

---

① 习近平：《加快建设社会主义法治国家》，《习近平谈治国理政》第 2 卷，外文出版社，2017，第 117 页。

规范社会行为、调节社会关系、维护社会秩序的作用，在国家治理中都有其地位和功能。道德是隐蔽的法律，法律是凸显的道德，道德治人心，法律治人行，实现德法共治、人心与人行共治，才能使社会主义核心价值观内化于心、外化于行。法德共济成了当今社会行为评价准则。法律有效实施有赖于道德支持，道德践行也离不开法律约束。法治和德治不可分离、不可偏废，国家治理需要法律和道德协同发力。坚持依法治国和以德治国相结合，就要重视发挥道德的教化作用，提高全社会文明程度，为全面依法治国创造良好人文环境。要在道德体系中体现法治要求，发挥道德对法治的滋养作用，努力使道德体系同社会主义法律规范相衔接、相协调、相促进。要在道德教育中突出法治内涵，注重培育人们的法律信仰、法治观念、规则意识，引导人们自觉履行法定义务、社会责任、家庭责任，营造全社会都讲法治、守法治的文化环境。法律是底线的道德，也是道德的保障。法律的实际意义应该是促成全部人民都能促进正义和美德的制度，立法能明确对失德行为的惩戒措施。要依法加强对群众反映强烈的失德行为的整治。对突出的诚信缺失问题，既要抓紧建立覆盖全社会的征信系统，又要完善守法诚信褒奖机制和违法失信惩戒机制，使人不敢失信、不能失信。对见利忘义、制假售假的违法行为，要加大执法力度，让败德违法者受到惩治、付出代价。法治的良性运转需要德性基础，需要对德治与法治的关系进行更为深入的思考：一是在弘扬法治文明、建设法治国家的过程中，加强对立法者的道德水准的规范和要求；二是通过公共政治文化的营造，提高社会公众的道德文明水准。道德是一种依靠内心诚服的信念，没有操作性的道德诉求一旦进入法律，不但不能够使其成为法律现实，反而会导致法律的虚妄。德、法并用宛如车之两轮、鸟之双翼，历来为社会治理之道。

亚当·斯密在《道德情操论》中指出：社会的本质即从道德出发，得到制度，制度需要法律加以实践。在社会主义法治中国的建设中，德治为法治提供灵魂、注入温度；法治让德治进一步强化，实现以德治理预期[①]，我们既要维护法律的尊严，也要体现司法的温度，司法温度要用道德感性的

---

① 桑胜高：《核心价值观融入让德法共治产生最大效益》，淮北文明网 2016 年 12 月 29 日。

体量，法律所提倡的理念、价值、原则都应该与社会主流的道德观念相结合。德法共济是有中国特色的治国理念，既符合现代法治社会建设的需求又可获得人民大众的接受，既凝聚了历史的智慧又凸显了新时代的要求。人的内在德性的脆弱性需要外在的制度和规则给予强化与支撑，而外在的制度和规则的有限性则需要人的内在德性固本培元。敬重制度、规则是现代公民的一种德性和品格。法安天下、德润人心，徒善不足以为政、徒法不足以自行。《关于进一步把社会主义核心价值观融入法治建设的指导意见》提出了将社会主义核心价值观融入法治建设的顶层设计，确立了运用法治推动社会主义核心价值观建设的基本方略。社会主义核心价值观重视发挥道德的教化作用，以道德滋养法治精神，强化道德对法治文化的支撑作用；又要重视发挥法律的规范作用，以法治体现道德理念，强化法治的核心要义是良法善治，立良法就是要恪守以民为本、立法为民的理念，贯彻社会主义核心价值观。推善治要求在全面推进依法治国的进程中把握好法治和德治的关系，将平等、公正、法治、和谐、友善等价值观融入科学立法、严格执法、公正司法、全民守法各个环节，实现法治与德治的良性互动。道德和法律不可分离，两者在国家治理中都扮演不可缺少的角色。一方面，法律要建立在道德基础之上，没有道德正当性的法律就成了"恶法"。作为社会主义国家，我国的立法、执法、司法都需要符合社会主义道德的要求，体现社会主义核心价值观。另一方面，法律是道德的保障。道德领域的某些突出问题可以通过法治手段来解决。通过加大立法和执法力度，遏制道德败坏的行为，形成道德良好的社会风尚。党领导立法、保证执法、支持司法、带头守法，依法治国不排斥党的领导，关键正是坚持党的领导。培育和践行社会主义核心价值观既要良法也要善治。德治是预防性和前提性的，而法治虽然能够凭借发挥其震慑性和执行力而起到遏制犯罪、保障社会稳定的目的，但终究是限制性、惩戒性的。在治理国家时，如果能够通过德治来达到目的，就慎用凭着法的权威来压服他人。在法治之中有德治，在德治的同时也不能废弃法治，单凭其中的任何一种手段都难以完全实现对国家的良好治理。法治是硬的一手，是通过法律的强制性来约束人们的思想和言行，构建不可逾越的"雷池"和"底线"，从而避免和惩戒犯罪。德治是软的一手，是通过道德的力量来约束人们的思想和言行，构建精神上的秩序，从而升华人们的品质。德治和法治必须兼备并行、相辅相成、缺一不可。中国的进步既需要德治也需要法治，并且只有当德治和法治实现了有机结合与有效互补，社会才能得到协调和发展。"治理国家，治理社会必须一手抓法治、一手抓德治，实现法律和道德相辅相成、法治和德治相得益彰。"① "法安天下，德润人心""法律是成文的道德，道德是内心的法律""法律调整人的行为，道德调整人的心灵"。法律和道德各有各的功能，各有各的作用，中国历史上凡是法治和德治结合得比较好的时期都能长治久安。当代中国人既不摒弃优秀的德治传统，也不排斥科学的法治理念。在当代中国人的心目中，德治和法治处于同等重要的地位。法律是成文的道德，道德是内心的法律。我们要坚持把依法治国和以德治国结合起来，高度重视道德对公民行为的规范作用，引导公民既依法维护合法权益又自觉履行法定义务，做到享有权利和履行义务相一致。培育和践行社会主义核心价值观既要良法也要善治。

【执行编辑：赵柯】

---

① 中共中央宣传部：《习近平总书记系列重要讲话读本》，学习出版社、人民出版社，2016，第90页。

论社会主义核心价值观的践行：
重要地位、阻滞因素及其破解思路[*]

王 莹 韩聪颖[**]

【摘　要】 公众对社会主义核心价值观"知而不行"的现象仍普遍存在，这提醒人们高度关注社会主义核心价值观的践行问题。根据马克思主义辩证唯物主义方法论和陶行知的"行—知—行"的知行观，践行是社会主义核心价值观的生命力，关乎社会主义核心价值观的现实来源、发展动力和检验标准。当前阻碍公众践行社会主义核心价值观的因素主要有：认知层次有限、践行能力不足、践行意志薄弱、外部约束乏力等。这些践行障碍既有公众自身的原因，也有社会主义核心价值观教育本身以及社会和国家方面的原因，因此，提升社会主义核心价值观的践行效果需要从完善顶层设计、转变教育重点、健全评估反馈等方面同时发力。

【关键词】 践行社会主义核心价值观；知行观；践行障碍；知而不行

---

[*] 本文系河海大学中央高校基本科研业务费项目"权利与义务对等关系下高校学生资助感恩回馈机制研究"（项目编号：2018B07714）、江苏省高等教育学会辅导员工作研究委员会专项课题"高校专业课程育人的内涵与机制研究"（项目编号：19FYHYB002）的阶段性成果。

[**] 王莹，河海大学马克思主义学院讲师，主要研究方向为思想政治教育理论与实践。韩聪颖，河海大学马克思主义学院讲师、辅导员，主要研究方向为思想政治教育理论与实践。

社会主义核心价值观作为国家率先倡导的价值标准和价值取向，只有融入全体公民的行动实践中，才能真正发挥凝聚社会共识、增进社会团结的现实力量。自从党的十八大报告正式提出社会主义核心价值观以来，全社会积极培育和弘扬社会主义核心价值观，12个主题词的各类宣传品覆盖面甚广。越来越多的人听说过、记得住、背得出社会主义核心价值观，可谓是"飞入寻常百姓家"。但我们不得不承认，与红红火火的宣传教育相比，公众对社会主义核心价值观的自觉践行则显得冷清得多。"有人说社会主义核心价值观的24字箴言'富强、民主、文明、和谐、自由、平等、公正、法治、爱国、敬业、诚信、友善'就像空中楼阁，看不见也摸不着；也有的人觉得核心价值观是对党政机关领导干部的要求，与普通老百姓无关。所以你宣传你的价值观，我做我的大小事，这样的大有人在。"① 这种"知而不行"的反差使社会主义核心价值观教育的效果大打折扣。基于此，本文聚焦于践行社会主义核心价值观，通过揭示社会主义核心价值观的践行障碍，有针对性地提升社会主义核心价值观的践行效果。

一 践行：社会主义核心价值观的生命力

知行关系是社会主义核心价值观教育中的关键问题。社会主义核心价值观教育从一开始就提出培育和践行这两项既相互区别又紧密相关的任务，"培育"大体相当于"知"，"践行"对应于"行"。开展社会主义核心价值观教育，既需要在增进认知认同上下功夫，也需要在促进行为转化上下功夫。然而，如何兼顾和平衡两项任务的关系，并非易事。2012年至今的八年多时间里，培育社会主义核心价值观和践行社会主义核心价值观在落实上出现了明显的倾斜和落差，表现为前者比较硬、后者比较软的现象，即注重知识性教育、忽视实践性教育。因此，现实迫切要求从理论上澄清培育和践行的关系。

知行观是道德教育的基础，有什么样的知行观，就会有什么样的道德教育观。知行合一已成为现代道德教育的基本共识，但是，在坚持知行合

---

① 柳玲：《践行核心价值观要防止"照搬主义"和"丢掉主义"》，http://cpc.people.com.cn/pinglun/n/2014/0224/c241220-24444021.html。

一理念的大前提下，关于知行先后、知行难易、知行轻重、知行转化等问题仍存在不少分歧。王阳明的"知—行"观可以概括为"知是行之始，行是知之成"，他秉持的是知先行后、知难行易、知重行轻、知自然转化为行等观点。王阳明克服了中国传统重视读经鄙视实行的习惯，较早提出知行合一的先进理念，但并没有对"知"的来源及发展做进一步的探究，对知行关系也做出了线性和有失偏颇的理解。杜威的"行—知"观揭开了知识的神秘面纱，指出知识最初来自应付行动的困境，是生活经验的产物，既服务于行动，又受到行动的检验。他将知行关系颠倒为"行是知之始，知是行之成"，提出行先知后、知易行难、知轻行重、行自然转化为知等观点。杜威对知识做出了唯物主义的解读，但还有一定的机械性和片面性。陶行知的"行—知—行"观是对王阳明和杜威知行观的扬弃，他认为只有从"行"到"知"再到"行"才能形成一个思维闭环，由此消解了知与行的二元对立。他还在杜威的基础上进一步抬高了"行"的地位，认为"行"既是起点，也是终点；既是引发、推动"知"的动力，也是检验、证明"知"的标准①。陶行知的知行观与马克思主义的辩证唯物主义高度契合，正确揭示了道德教育领域知与行的关系问题，为社会主义核心价值观教育奠定了科学的理论基础。按照"行（1.0）—知—行（2.0）"观，社会主义核心价值观教育中的知行关系至少表现为如下三个方面：

其一，所要培育的社会主义核心价值观来源于先前实践（即"行"1.0）的总结。虽然对部分民众而言，社会主义核心价值观不是直接来源于自身实践，表面上看是外部赋予甚至强加的，但社会主义核心价值观并非来自神秘的天国，也不是出自某个人的头脑，而有其坚实而广阔的现实基础。正如习近平所言"一个民族、一个国家的社会主义核心价值观必须同这个民族、这个国家的历史文化相契合，同这个民族、这个国家的人民正在进行的奋斗相结合，同这个民族、这个国家需要解决的时代问题相适应。"② 社会主义核心价值观生成于中国特色社会主义建设实践，而中国特色社会主义建设实践的主体是最广大的人民群众。当然，这一阶段的实践

---

① 丁永为、孔德琳：《道德教育中的知行关系：从杜威到陶行知》，《中国德育》2016年第14期。

② 习近平：《习近平谈治国理政》第1卷，外文出版社，2018，第171页。

具有探索性和开放性,还不是在社会主义核心价值观指导下的自觉实践。

其二,是否践行(即"行"2.0)社会主义核心价值观是检验培育效果的最终标准。从认知角度出发,培育社会主义核心价值观是必要且重要的。社会主义核心价值观作为全国各族人民共同认同的价值观"最大公约数",需要经过一个宣传、教育的过程进入公众的头脑,才能统领日趋多元、多样、多变的社会思潮。但培育效果如何却不能仅仅通过人们的认知程度和语言表达来检验,只有在践行中才能得到说明和确证。"如果有了正确的理论,只是把它空谈一阵,束之高阁,并不实行,那末,那种理论再好也是没有意义的。认识从实践始,经过实践得到了理论的认识,还须再回到实践中……应用理论于实践,看它是否能够达到预想的目的。"[①] 只有人们真正按照社会主义核心价值观的标准做评价、为把社会主义核心价值观描绘的目标变成现实而采取切实的行动,才能体现社会主义核心价值观教育的效果。

其三,践行(即"行"2.0)是推动公众对社会主义核心价值观的认知不断向前发展的动力。公众对社会主义核心价值观的认知不可能一步到位,需要经历一个深化发展的过程。而认知发展的动力不可能来源于认知本身,人们只有在现实性的实践中才能看到已有认知的不足、感到推进认知的需要、获得发展认知的条件、提高主体自身的认知能力。发展了的认知反过来会推动更高水平的践行,新的践行又成为认知继续发展的动力,"践行—培育—践行"形成一个螺旋式上升的无限循环,即"行(1.0)—知(1.0)—行(2.0)—知(2.0)……",社会主义核心价值观由此显示出凝心聚力的作用。

由此可见,践行是社会主义核心价值观的生命力,它关乎社会主义核心价值观的现实来源、发展动力和检验标准。如果公众对社会主义核心价值观只有认知而没有践行,那么,人们头脑中的社会主义核心价值观必然是肤浅的、僵化的、垂死的。"任何思想,如果不和客观的实际的事物相联系,如果没有客观存在的需要,如果不为人民群众所掌握,即使是最好的东西,即使是马克思列宁主义,也是不起作用的。"[②] 因此,教育工作者必须扭转社会主义核心价值观教育过程中重培育而轻践行的局面,将关注重点向践行方面转移和延伸,把践行问题及其效果提升提到首要地位。理论

[①] 毛泽东:《毛泽东选集》第 1 卷,人民出版社,1991,第 292 页。
[②] 毛泽东:《毛泽东选集》第 4 卷,人民出版社,1991,第 1515 页。

研究者也需要加强对践行社会主义核心价值观深层规律的研究，为提升社会主义核心价值观践行效果提供学理支撑。

二 践行社会主义核心价值观的阻滞因素

公众是否践行社会主义核心价值观，受到多方因素的复杂影响。要想提高公众的践行积极性和践行效果，应坚持问题导向，准确把握现实中阻碍公众践行社会主义核心价值观的关键因素，从而精准施策。那么，公众为什么会知而不行？既然问题并非出在不知道社会主义核心价值观，到底是什么原因阻碍了公众的践行呢？这些问题显然无法从教育者角度得到有效的回答，而需要站在公众的角度聆听他们的真实顾虑，从中析出社会主义核心价值观的践行障碍。笔者连续3年在全校范围内讲授"思想道德修养与法律基础"课的社会主义核心价值观专题，每年近距离接触5 000余名大学生，通过课堂互动、课间交流、课后作业、网络答疑等方式询问他们"自己或身边人不践行社会主义核心价值观的原因"。此外，还运用观察、访谈等方法了解城市居民、农民、企事业单位职工等不同群体的看法，搜集了大量的一手资料。从对象上看，调查的涵盖范围较广，具有一定的代表性；从方法上看，主要采用定性研究方法，通过与调查对象的交往获取更加深入和可靠的信息。在调查的基础上，本文认为阻碍公众践行社会主义核心价值观的关键因素有：认知层次有限、践行能力不足、践行意志薄弱、外部约束乏力等。

（一）认知层次有限

在社会主义核心价值观提出后的短短几年里，党和国家通过立体传播格局将24字社会主义核心价值观广而告之，大大提升了社会主义核心价值观的知晓率，很少有人不知道社会主义核心价值观。但是，我们并不能由此就判断说大部分人已经具备了社会主义核心价值观的认知，因为认知除了量的方面，还有质的方面。无论从调查对象的自述还是笔者的判断来看，大部分公众对社会主义核心价值观的认知仅仅停留在知道、记忆和背诵层次，至多对12个主题词有一些字面上的认识，而即使是正在接受系统性高等教育的大学生也并未做到准确、透彻和深刻的理解。例如，当被具体问到社会主义核心价值观每一个主题词的含义时，尤其是"民主""自由""平等"等中西方共享的现代价值，人们要么做出极为简单的说明，要么直接表示没想过、不知道。再如，很多人并不理解国家、社会、公民的含义及其相互关系，经常把三者割裂开来，误以为个人只能践行"爱国、敬业、诚信、友善"这4个价值观，而"富强、民主、文明、和谐""自由、平等、公正、法治"分别是国家和社会的任务，与自己无关。由此可见，公众对社会主义核心价值观的认知还处在表层，正如北宋二程所言，"知而不能行，只是知得浅"；"故人知不善而犹为不善，是亦未尝真知"。"知而不行"的"知"，只是一种"浅知"，而非"深知"；只是一种"虚知"，而非"真知"①。尤其值得注意的是，人们把社会主义核心价值观等同于一般意义上的知识来对待，而没有在价值倾向上表现出对社会主义核心价值观的偏爱、尊敬和向往。可见，这种浅层次、虚假性、去价值性的"知"自然无法导向行动。

（二）践行能力不足

认知层次对践行的影响只是问题的一个方面，因为即使认知达到了"真知"和"深知"的层次，也不能自然而然、一劳永逸地诱发相应的行为。行为能否发动还有赖于主体践行能力的高低，这已经超出认知环节，而进入了践行环节。调查表明，部分公众不践行社会主义核心价值观，与践行能力不足有关。很多调查对象表示，自己和身边的人只是知道社会主义核心价值观这24个字，但并不清楚如何践行社会主义核心价值观，无法把这些抽象的概念和日常生活联系起来，也不知道践行标准是什么、践行平台在哪里。所谓的践行能力，主要是康德所说的"实践判断力"，即一种联系行为者的主观行为准则与客观道德法则，并对之加以比较的能力。社会主义核心价值观属于客观道德法则，是一般的、普遍的要求，而人所面对的情景和所要从事的行为则是个别的和具体的，这时就需要把一般与个别、普遍与特殊结合起来，转化为既与客观道德法则相符又能够直接引发

---

① 方旭东：《道德实践中的认知、意愿与性格——论程朱对"知而不行"的解释》，《哲学研究》2011年第11期。

行为的主观行为准则。这种实践判断力的获得需要经验,不是所有的人都能获得和运用好这一能力的①。显然,长期以来公众习惯于被动地接受宣传教育而鲜少有践行的机会,导致践行能力严重不足,对价值行为的践行表现得异常"迷茫""苦恼"②。他们普遍希望获得更加具体的指导,如提供践行榜样、践行指南等。

(三) 践行意志薄弱

道德行为受阻还与主体的践行意志紧密相关。朱熹认为人人都有一颗本善的心,见到好的事,就会产生一种想做的念头。但是这个念头会受到很多因素的干扰和诱惑,意志薄弱的人因不能自制而放弃行善的计划,只有意志坚强的人才能够排除干扰、抵制诱惑并最终把意愿转化为行动。③ 通过调查对象的自述发现,公众在面对如下干扰和诱惑时,常常无法进行自觉有效的控制和调节:一是个人利益。很多人认为践行社会主义核心价值观不仅没有看得见的好处,反而会占用原本应放在学业、事业等方面的时间和精力而影响自己提升竞争力,所以出于私心和功利的考虑而选择不践行社会主义核心价值观。二是懒惰习性。也有些人虽然认识到践行社会主义核心价值观符合自身和社会的长远利益,自己也有践行意愿,但就是因为懒惰而缺乏行动力。例如,不少人承认在平时生活中就比较"佛系",不喜欢"为难"和约束自己,所以选择留在光说不做的舒适区。三是不良社会评价。还有人坦言在周围人不践行的情况下自己如果去践行社会主义核心价值观,会显得与其他人格格不入,反而会遭到嘲讽,因而不敢做特别正直、积极的人。个人利益、懒惰习性和不良社会评价是客观存在的干扰和抑制性因素,而主体的意志则是有可能对抗干扰的能量和积极性因素,当人们受到干扰因素的负面影响时,就意味着主体意志的坚强程度还不足以与之对抗,在某种意义上是主体意志薄弱的体现。

---

① 张传友:《人为什么知善而不行,知恶却为之——论一个道德动力学问题》,《东南大学学报(哲学社会科学版)》2013 年第 1 期。
② 徐椿梁、黄明理:《道德化、被道德化与道德行为的知而不行——社会舆论道德宣传的价值反思》,《华中科技大学学报(社会科学版)》2013 年第 6 期。
③ 方旭东:《道德实践中的认知、意愿与性格——论程朱对"知而不行"的解释》,《哲学研究》2011 年第 11 期。

（四）外部约束乏力

道德规范被遵守既源于自律，也源于他律，而且自律也可以被视为长期他律而内化的一种结果。社会主义核心价值观作为最近几年由国家倡导的新价值规范，更需要强有力的外力推动才能转化为公众的自觉行动。广大公众对社会主义核心价值观还有些陌生，他们在选择是否践行时主要依据对践行要求的强制性和行为后果的严重性的理性预估。而外部约束的乏力，也确实是被调查对象提及最多的一个践行障碍。主要表现在以下两个方面：一是践行要求的强制性低。不少人谈到，所在单位（政府部门、事业单位）和学校（小学、初中、高中）曾抽查社会主义核心价值观学习效果，但抽查的内容仅仅是能不能流畅、完整地背诵24个字，而对是否践行社会主义核心价值观没有做任何要求。这容易给人造成一种错误的印象：背诵社会主义核心价值观更重要，而践行社会主义核心价值观不重要。由此产生的结果不仅是很多人不践行社会主义核心价值观，更严重的是人们因为体会到形式主义而反感、排斥社会主义核心价值观教育。二是行为后果的严重性弱。在不做强制性践行要求的情况下，人们还可以通过行为后果的严重性来感知外部约束，从而调整行为。然而，很多调查对象表示，是否践行社会主义核心价值观几乎没有什么影响，不践行不会受到惩罚，践行了也不会得到鼓励，因此没有践行社会主义核心价值观的动力。

综上所述，公众之所以不践行社会主义核心价值观，主要是受到多种阻碍因素的影响，主要包括认知层次有限、践行能力不足、践行意志薄弱、外部约束乏力等。

三 提升社会主义核心价值观践行效果的路径

提升社会主义核心价值观的践行效果不能无的放矢，而要在准确把握社会主义核心价值观践行障碍的基础上，精准破除影响践行的关键障碍。如前所述，这些阻碍因素虽然是从公众角度概括出来的，尤其是前三条主要表现在个人身上，但这些阻碍因素的存在既有公众自身的原因，也有社会主义核心价值观教育、社会和国家方面的原因。尤其是当这些问题相当普遍时，就更不能简单归结为内在禀赋、个人努力等，而必须作为社会性、全局性问题来对待。因此，提升社会主义核心价值观的践行效果需要从完善顶层设计、转变教育重点、健全评估反馈等方面同时发力。

（一）完善顶层设计，确立践行社会主义核心价值观的中心地位

培育和践行社会主义核心价值观作为一项由国家提出的关乎全局的伟大工程和战略任务，有赖于党和国家通过顶层设计统揽全局、协调各方。尤其是面对长期以来重视培育而忽视践行的强大惯性和社会风气，对完善顶层设计的需求就显得比其他任何时候更为迫切。自从党的十八大报告倡导社会主义核心价值观以来，党和国家出台了一系列具有重要指导意义的文件。例如，2013年中共中央办公厅印发《关于培育和践行社会主义核心价值观的意见》，提出要推动社会主义核心价值观不断转化为社会群体意识和人们自觉行动，形成人人践行社会主义核心价值观的生动景象；2015年中央宣传部和中央文明办联合印发《培育和践行社会主义核心价值观的行动方案》，着眼践行、重在行动、贵在坚持，强调在贯穿结合融入上下功夫，在落细落小落实上下功夫，在坚持不懈久久为功上下功夫；2019年中共中央、国务院印发《新时代公民道德建设实施纲要》，强调要坚持贯穿结合融入、落细落小落实，把社会主义核心价值观要求融入日常生活，使之成为人们日用而不觉的道德规范和行为准则。上述文件表明国家已经意识到践行社会主义核心价值观的重要意义，但是，培育社会主义核心价值观和践行社会主义核心价值观之间到底是什么关系、何者更为重要、如何确保社会主义核心价值观的践行实效，等等，还有很多留白的地方，使得践行社会主义核心价值观的重要地位并没有得到明确彰显。也正因为如此，中央提出的培育和践行的"两手抓"任务到基层往往就变成了"一手硬、一手软"，从而给形式主义作风、道德伪善留下了可乘之机。在不良风气愈演愈烈的情况下，任何局部的、技术性的小修小补都无力扭转整体局势，只有在最高层次上寻求问题的解决之道。完善顶层设计之所以能够高效快捷地实现目标，主要源于顶层的最高决定性，整个系统的核心理念和目标都来自顶层，而核心理念和目标的调整也将自上而下地引发各方面、各层次、各要素的变化。通过完善顶层设计来提升社会主义核心价值观的践行

效果，主要是指在顶层的系统谋划中融入以践行社会主义核心价值观为中心的理念和目标，改变践行社会主义核心价值观的边缘化、形式化现状。所谓以践行社会主义核心价值观为中心，就是在顶层设计中突出践行社会主义核心价值观的关键地位，以践行社会主义核心价值观为出发点、落脚点和衡量标准。新理念和目标从顶层向基层、从整体向部分的传导，有利于引导各级政府、宣传教育部门、广大公众把注意力集中到增强践行实效上来，形成以践行社会主义核心价值观为中心的社会氛围，恢复对践行社会主义核心价值观的应有重视。

（二）转变教育重点，强化社会主义核心价值观教育的行动导向

通过上文对社会主义核心价值观践行障碍的梳理可知，公众对社会主义核心价值观的知晓率之所以没能转化为践行率，是因为公众的认知层次有限、践行能力不足、践行意志薄弱，而背后的原因则是先前的社会主义核心价值观教育侧重于知识传授而忽视了行动导向。"思想政治教育不仅仅是思想领域的工作，转变人们的思想观念，在思想领域实现自己的目的，更重要的是提高人们认识世界和改造世界的能力，提高人们解决实际困难的信心和能力，在实践领域实现自己的目的。"[①] 以践行社会主义核心价值观为中心的理念在教育领域（指广义的国民教育体系和社会教育体系）的具体体现，就是把教育重点从认知教育向实践教育转移，将行动导向贯穿于社会主义核心价值观教育的全过程，以激发公众践行社会主义核心价值观的行动为最终旨归。行动导向的社会主义核心价值观教育主要体现在两个方面：一方面，面向实践的认知教育。虽然本文主张把践行放在首位，但并不是用"行"取消"知"、替代"知"，而仍然承认"知"对于"行"的先导性作用。不过，知识传授不能停留于对24字社会主义核心价值观的简单重复，"这一教育传授的过程应当凸显实践性，即应当将实践教育的精神和方法渗透于知识教育，贯穿于知识教育的全过程"[②]。社会主义核心价值观的认知教育，应针对公众的知识盲点、知识疑点和知识误区，提升公众对社会主义核心价值观12个主题词、三个层次及其整体性的深度理解；还

[①] 孙其昂:《思想政治教育本质的唯物史观解读》,《学校党建与思想教育》2010年第14期。
[②] 董雅华:《思想政治教育哲学问题研究》,复旦大学出版社,2019,第152页。

应"坚持价值性和知识性相统一,寓价值观引导于知识传授之中"①,培养公众对社会主义核心价值观的情感和认同;着重填补公众关于践行社会主义核心价值观的实践性知识(去行动的知识)②,如澄清公民个人应参与社会主义核心价值观所有 12 个主题词的践行,讲清楚不同群体在践行社会主义核心价值观中的具体责任等。只有社会主义核心价值观的认知教育始终面向实践,才能避免公众的认知与实践的脱节。另一方面,回归生活的实践教育。行动导向的社会主义核心价值观教育必然更重视实践养成,但需要注意的是,实践教育的出发点是"从事实际活动的人",而"不是从人们所说的、所设想的、想象出来的人出发"③。所以实践教育的场所就是人们的生活本身,而不应在人们的生活之外人为创设专门进行实践教育的情境,否则势必会制造公众与社会主义核心价值观的隔膜。正是由于先前的社会主义核心价值观教育和人们的日常生活之间的交集很少,才导致很多人不知道如何在实际生活中践行抽象的社会主义核心价值观,从而表现出践行能力不足;也导致不少人在日常生活和社会主义核心价值观发生冲突时,不假思索地遵从日常生活的逻辑,而不践行社会主义核心价值观,从而表现为践行意志薄弱。因此,社会主义核心价值观的实践教育应当回归普通民众的日常生活,使公众在现实的社会生活实践中判断自己的行为是否符合社会主义核心价值观,通过亲身体验锻炼自己抵抗诱惑、恪守原则的意志力。

(三)健全评估反馈,夯实践行社会主义核心价值观的外部约束

社会主义核心价值观教育无法独立完成提升社会主义核心价值观践行效果的任务,还需要与适度的外部约束相配合。这和社会主义核心价值观教育本身的两个特点相关:其一,社会主义核心价值观教育是软性的,只能通过唤起公众内心的道德觉悟引导他们去践行,而无法保证人人都自觉践行社会主义核心价值观;其二,社会主义核心价值观教育往往是从少数教

---

① 《习近平主持召开学校思想政治理论课教师座谈会强调用新时代中国特色社会主义思想铸魂育人 贯彻党的教育方针落实立德树人根本任务》,http://www.moe.gov.cn/jyb_xwfb/gzdt_gzdt/201903/t20190318_373973.html。
② 戴锐、韩聪颖:《面向行动的思想政治教育学原理体系擘划》,《思想理论教育》2017 年第 2 期。
③ 《马克思恩格斯文集》第 1 卷,人民出版社,2009,第 525 页。

育者到大量受教育者的单向传输过程,难以开展持续性跟踪和及时性反馈。虽然 2018 年十三届全国人大一次会议正式把"国家倡导社会主义核心价值观"写入宪法,但由于评估反馈机制不完善,人们做多做少、做与不做一个样,公众践行社会主义核心价值观的兴致就会大大降低,并且长此以往还会产生心安理得、不以为意的心理。解决问题的关键在于健全评估反馈机制,把践行社会主义核心价值观的要求从"软"倡导变成"硬"约束,把单向灌输变成双向、反复的互动交往,才能"使符合核心价值观的行为得到鼓励、违背核心价值观的行为受到制约"①。不过,践行社会主义核心价值观归根到底是一个高度复杂的道德问题,评估难度很大,对反馈技巧的要求也很高。建立科学的评估反馈机制,需要把握以下几个原则:其一,定性评估与定量评估相统一,科学选定评估指标,避免因为指标设计的不合理,催生新的形式主义、指标崇拜②;其二,广泛性要求与先进性要求相统一,既要对全体公民提出普遍性要求,又要注意层次性和差异性,对党员领导干部、公众人物、青少年等重点群体提出更为严格的要求;其三,注重过程性评估,评估的目的不是给人们践行社会主义核心价值观的成效盖棺论定,而是通过评估发现问题,并从中看到道德教育的可能与契机;其四,鼓励与批评相结合的反馈方式,践行社会主义核心价值观是一个长期的过程,对公众的要求不能操之过急,既要指出他们在践行社会主义核心价值观中的问题,更要对人们一点一滴的努力予以肯定。只有健全评估反馈机制,夯实践行社会主义核心价值观的外部约束,使社会主义核心价值观教育形成一个完整的闭环,才能促使人们认真对待践行社会主义核心价值观的要求,从而真正扭转形式主义、道德伪善的不良风气,提升社会主义核心价值观的践行效果。

【执行编辑:杨丽】

---

① 习近平:《把培育和弘扬社会主义核心价值观作为凝魂聚气强基固本的基础工程》,人民日报 2014 年 2 月 2 日。
② 沈壮海:《兴国之魂——社会主义核心价值体系释讲》,长江出版传媒、湖北教育出版社,2014,第 160 页。

用社会主义核心价值观引领市场经济发展

徐国民　李慧杰[**]

【摘　要】 社会主义核心价值观，是在我国从计划经济体制向社会主义市场经济体制转轨过程中被提出来的，它体现了中国人民的价值共识与价值追求，符合人民大众的根本利益，顺应时代发展的历史潮流，是规范和引领市场经济发展的内在要求。运用社会主义核心价值观能正确处理好国家整体与不同市场主体之间的关系，是一种兼具共识性和层次性的价值观念体系，整合各类利益主体、凝聚思想认识的作用之所以能得以发挥，是社会意识的能动性原理和人的价值观的可塑性原理共同作用的产物。用社会主义核心价值观引领市场经济发展，不仅需要在全社会灌输社会主义核心价值观的科学理念，更加需要将这一核心价值理念贯穿在市场经济的各个具体环节中的具体制度中去。只有将党的领导、制度设计、法律完善、政策制定等内容贯穿在生产、流通（交换）、分配、消费等环节之中，才能使社会主义核心价值观的引领市场经济发展的作用真正落到实处。

---

[*] 本文系国家社科基金重点项目"新时代用社会主义价值观凝心聚力研究"（20AKS015）的阶段性研究成果之一。
[**] 徐国民，华东理工大学马克思主义学院副院长，教授、博士生导师，主要从事马克思主义基本理论及其中国化研究。李慧杰，华东理工大学校友与发展联络处干事，主要从事马克思主义基本理论及其中国化研究。

【关键词】 社会主义核心价值观；社会主义市场经济；理论基础；实践路径

改革开放以来，我国在计划经济体制向市场经济体制转轨过程中，个体权利意识不断增长，劳动、知识、技术、管理、资本等生产要素的权属关系得到了进一步确认，各自活力竞相迸发，创造社会财富的源泉不断涌流，人民群众的积极性、主动性和创造性得到进一步提升，社会主义现代化建设取得了举世瞩目的成就。与此同时，单一的利益关系、利益格局已被打破，社会贫富差距进一步拉大，社会阶层结构呈现出固化态势，不同利益主体的利益诉求不断增加，社会利益关系复杂化，利益矛盾和利益冲突尖锐化，各种社会思潮伴随着工业化、信息化、城镇化、市场化、国际化的发展进程蜂拥而至，个体价值观受其影响而趋于多元多样化，社会整合难度进一步加大。在这种情况下，用社会主义核心价值观引领市场经济发展，并在此基础上构建一个与市场经济相适应的制度规范与价值整合体系，有效协调和处理复杂的利益诉求和利益关系，凝聚和整合社会各方力量，完善构建中华民族命运共同体，是坚持和完善中国特色社会主义制度、推进国家治理体系和治理能力现代化的题中应有之义。然而，就目前看来，我们在价值规范体系建设过程中，在不同程度上仍然存在着价值观建设与市场经济发展之间"不相容"等问题，这就迫切需要学界进一步深入研究和探讨。

一 用社会主义核心价值观引领市场经济发展的必要性和紧迫性

文化和价值观整合是社会整合的重要根基。文化和价值观认同是维系一个民族赖以存在和发展的"根"和"魂"。然而，任何一种文化和价值观，要发挥其最大的整合功能，就必须与该社会人们所选择的生活方式、生产方式和交往方式相适应，在文化整合与经济生产方式整合的相互促进下，实现其整合功能。社会主义核心价值观，是在我国从计划经济体制向市场经济体制转轨过程中被提出来的，它体现了中国人民的价值共识与价值追求，符合人民大众的根本利益，顺应时代发展的历史潮流，是规范和引领市场经济发展的内在要求。

新中国成立之初,我国还存在着国营经济、个体经济、合作社经济、私人资本主义经济、国家资本主义经济等五种经济成分。可以说,这五种经济成分以及它们之间的利益诉求和利益冲突,在社会意识和价值观层面上集中表现出来的,就是中国究竟走社会主义道路还是走资本主义道路。以毛泽东同志为代表的中国共产党人,在马克思列宁主义思想指导下,深入洞悉了资本主义的本质和资本主义国家的现实,在充分借鉴了苏联社会主义建设经验的基础上,深刻分析中国国情和中国未来,并制定了党的"一化三改"总路线,到1956年底基本完成了社会主义改造、初步确立了计划经济体制,从而标志着中国走上了社会主义道路。

在中国共产党领导中国人民进行社会主义道路探索和社会主义现代化建设初期,单一的公有制和高度集中的计划经济,不仅帮助一穷二白的中国建立了独立的工业体系、国家主导的医疗卫生体系和较为完善的教育培训体系等,很快恢复了国民经济,稳定了物价,统一了财经,有效解决了人民群众吃饭、就业、看病和教育等问题,从而稳定了社会秩序;而且还统一了人们的思想,激发了社会主义建设热情,整合了社会力量,并集中全国的人力、物力和财力建成了156个重大项目,有效巩固了社会主义中国这一新生国家政权,为实现中华民族伟大复兴的中国梦和社会主义现代化强国建设奠定了良好的物质基础和制度保障。

然而,这种单一的公有制和高度集中的计划经济,在其运行的过程中还存在着诸多不够完善的地方:其一,权力过于集中,地方和企业缺乏管理自主权;其二,产品过于单一,满足不了群众的个性化需求;其三,分配过于平均,抑制了人们的积极性、主动性和创造性。因此,单一的公有制和高度集中的计划经济体制未顺应当时生产力的发展,我国社会经济发展缓慢,人民过着共同贫穷的生活,与发达资本主义国家的差距拉大。邓小平指出:"从一九五八年到一九七八年整整二十年里,农民和工人的收入增加很少,生活水平很低,生产力没有多大发展。一九七八年人均国民生产总值二百五十美元。"[1]

---

[1] 邓小平:《邓小平文选》第 3 卷,人民出版社,1993,第 115 页。

为了解决计划经济不完善带来的问题，中国人民开启了探索市场经济的新征程。党的十一届三中全会的召开，标志着我国对内改革和对外开放政策的正式施行，吹响了经济体制改革市场化的号角。1981年，党的十一届六中全会通过的《关于建国以来党的若干历史问题的决议》中指出，要"在公有制基础上实行计划经济，同时发挥市场调节的辅助作用，要大力发展社会主义的商品生产和商品交换"①。1984年，《中共中央关于经济体制改革的决定》指出："社会主义计划经济必须自觉依据和运用价值规律，是在公有制基础上的有计划的商品经济。"② 1992年，邓小平在南方谈话中富有远见地指出："计划多一点还是市场多一点，不是社会主义与资本主义的本质区别，计划经济不等于社会主义，资本主义也有计划；市场经济不等于资本主义，社会主义也有市场，计划和市场都是经济手段。"③ 同年，党的十四大确定我国经济体制改革的目标是建立社会主义市场经济体制。2007年，党的十七大提出让市场在资源配置中起基础性作用。2013年，党的十八届三中全会把这一"基础性作用"改为"决定性作用"，这反映了中国共产党对社会主义市场经济规律认识的进一步深化。

社会主义市场经济体制的深入实践和发展，一方面迅速提高了我国的社会生产力、综合国力和人民群众的生活水平，创造了巨额财富，并使得我国跃升成为世界第二大经济体。另一方面也带来了我国社会结构、社会利益格局的深刻变动，社会进入传统社会向现代社会的转型期，社会结构迅速分化，从而也带来了诸多新变化：一是计划经济体制下单一性、封闭性的社会结构正在转变为开放式、契约式的社会组织方式，政治体制、文化建设等都要面临新的转变以适应经济体制的更新。二是社会利益格局的深刻调整。在从计划经济向市场经济的转型过程中，利益的分化与重组不断进行，利益主体结构呈现出多元化、复杂化的发展趋势。三是阶层划分越发多样，农民阶级和工人阶级两大阶级的划分方式已经无法涵盖改革开放后新涌现出的职业与身份。这些转变都使得社会活力被空前释放，人们创造财富和追求财富的欲望不断被激发，新的诉求不断增加。

---

① 《十一届三中全会以来重要文献选读》（上），人民出版社，1987，第347页。
② 《十二大以来重要文献选编》（中），人民出版社，1986，第534页。
③ 邓小平：《邓小平文选》第3卷，人民出版社，1993，第373页。

经济利益关系复杂化的社会现实必然反映到人们的头脑中，人们的思想活动也变得越来越具有选择性、差异性、广泛性、多样性和独立性。由于不同市场主体有不同的利益诉求，这必然产生不同的价值观，并在价值观层面出现了传统与现代、主导与多元、精英和大众、东方和西方等社会思潮的交融与交锋。与此同时，这些复杂的社会思潮在互联网、大数据等现代信息技术的作用下，在世界范围内随时而广泛地传播着，并在一定程度上影响了青年人的价值观选择，从而导致了部分青年人的价值迷失和道德失范行为等。可以说，这些价值迷失和道德失范行为背后隐藏的深层原因是由社会转型、利益分化和价值冲突引发的价值共识危机。这样一来，要使多样化的价值观有利于经济社会发展，就会存在着整合和引领的问题。只有这些复杂多样的价值观念被凝聚整合在一起，才能有效发挥其促进经济社会发展和引导人们正确价值观形成的功能。同时社会分化过度将不利于社会稳定，分散和对立的社会秩序是社会动乱滋生的温床。因而社会分化越是严重，价值诉求越是多样，便越需要用一个社会成员普遍认可的统一的价值观念去整合和凝聚人心，去弘扬和宣传正能量和主旋律，从而避免人心涣散和社会混乱。因此，构建与市场经济相适应的价值体系有其必要性和现实意义。

判断一种价值观是否科学和先进，是否能够最大限度凝聚人心，不仅需要考察这一价值观是站在何者的立场上反映何者的利益和需要，还需要考察这一价值观是否同事物发展规律和社会发展趋势相一致。从这个角度来看，社会主义核心价值观引领和整合多样价值观的发展就成为必然选择。首先，它在内容上符合最广大人民群众的根本利益。社会主义核心价值观体现出马克思主义鲜明的以人民为中心的政治立场，那就是相信人民，依靠人民，全心全意为人民服务。"富强、民主、文明、和谐"表现出当代中国人民的爱国情怀；"自由、平等、公正、法治"表现出中国人民对美好社会生活的向往；"爱国、敬业、诚信、友善"是中国人民赖以遵守的价值和行为规范。其次，核心价值观符合时代发展潮流。社会主义核心价值观不是刻板的、呆滞的，而是随着社会主义现代化建设和改革开放不断发展创新充满活力的价值体系。所谓"引领"，不是简单主观地以唯一标尺去"规范"市场主体行为，而是在鉴别、批判、融合社会内部不同价值观念的基础上,形成一种既符合国家和民族的根本利益又满足广大人民美好生活需要,使集体利益与个人利益充分结合的体现和谐文明进步的社会价值,并使之永不自满、永不僵化、永葆活力,始终与时俱进、开放包容。

但在实践中,社会主义核心价值观的整合功能还没能很好地发挥出来,在不同程度上一直存在着价值观建设与市场经济发展之间"不相容"等问题。首先,表现在部分市场主体出现了政治信仰迷茫、诚信观念淡薄、社会责任感缺乏、艰苦奋斗意识缺失等问题。其次,网络等新媒体的发展对核心价值观的整合力和凝聚力提出新要求。由于受商业利润动机和资本逻辑的驱使,网络等新媒体在传播过程中的消费主义和享乐主义倾向明显,在模范人物、真理正义、道德教化等精神层面的宣传被大量的信息所淹没。最后,西方主流意识形态对核心价值观的防御力和竞争力形成挑战。西方资产阶级将自己的一整套价值体系宣扬为"普世价值",但实质上成为西方发达国家抢占边缘落后国家资源和劳动力的意识形态工具。这些情况都使得主流价值观面临边缘化危机,一定程度上削弱了核心价值观对话语权的掌控力和它在社会意识形态中的重要地位。在这种情况下,加强核心价值观建设,引领和整合多样价值观的发展就显得尤为紧迫。

综上所述,对于多元、多样的价值观,如果不用社会主义核心价值观加以整合、凝聚,就一定会带来价值观的迷失,萌生道德失范行为,从而影响市场经济的发展速度与发展质量,不利于社会稳定。因此,只有用社会主义核心价值观引领市场经济发展,才能推动促进精神文明建设与物质文明建设的协调发展。

二 社会主义核心价值观引领市场经济发展的理论基础

从学理上来看,用社会主义核心价值观引领市场经济,真正做到物质文明建设与精神文明建设协调发展,就必须将社会主义核心价值观渗透到市场经济建设中的每一个具体环节或全部实践过程之中。只有这样,才不会出现物质文明建设与精神文明建设相背离或"两张皮"的社会现象。然而在市场经济中,作为市场主体的个人或企业,他们往往从个体或个别组织的"特殊利益"出发，就必然会形成多元多样的价值观念，但在社会交往和经济往来过程中，孤立的个人又不能完全适应合作共赢的现代社会法则，它内在要求形成一个超越"特殊利益"之上而代表社会"整体利益"的价值观。社会主义核心价值观就是这样一种既尊重多样又坚持一元指导的兼具共识性和层次性的内容丰富的价值观念。也正是社会意识的能动性以及人的价值观的可塑性使得核心价值观的引领可能实现。

改革开放前，计划经济体制下人们的行为方式整齐划一，人们的利益与需求较为单一。改革开放后，随着社会主义市场经济的深入发展，社会成员的权利意识进一步增长，人们开始注重个体的需求和个性化发展，个人身份和社会地位的转变使得他们具有不同的价值取向。社会主义市场经济鼓励个人追求正当的物质利益，唤醒了人们心中创造财富的迫切欲望，这对于调动市场主体的积极性，促进个人主体性和能动性的生成，发挥了关键作用。丰富多样的个体利益诉求是社会活力和创造力迸发的源泉与动力，邓小平指出："不重视物质利益，对少数先进分子可以，对广大群众不行，一段时间可以，长期不行……革命是在物质利益的基础上产生的。如果只讲牺牲精神，不讲物质利益，那就是唯心论。"① 因而我们应客观理性地承认个人利益、短期利益、局部利益存在的合理性。

但是人与人之间要进行社会交往和经济往来，完全孤立的、脱离社会而生的个人是不存在的。"每个人为另一个人服务，目的是为自己服务；每一个人都把另一个人当作自己的手段互相利用。"② 也就是说，任何人要实现自己的个人利益，都必须借助于他人的帮助。人与人之间是一种帮助与被帮助、服务与被服务的双向契约关系。在合作互助中，整体利益得以产生。个人为了实现自身利益，就必须首先促成其他私人利益的实现，多个私人利益在相互实现中创造出一个整体利益。社会主义市场经济不只具有市场经济的一般特点与普遍性，更有其特殊性，即生产资料仍然是公有制，并坚持共富原则，这就意味着社会价值观念虽以个人为本位，但又以整体意识为导向。市场经济不仅有优胜劣汰和竞争机制，更需要团结互助与合作共赢。马克思指出："只有在共同体中，个人才能获得全面发展其才能的

---

① 邓小平：《邓小平文选》第 2 卷，人民出版社，1993，第 146 页。
② 《马克思恩格斯全集》第 30 卷，人民出版社，1995，第 198 页。

手段，也就是说，只有在共同体中才可能有个人自由。"① 可见，社会主义市场经济的发展不能只求效率不顾稳定，市场在无序状态中竞争的结果往往是零和博弈，一方吃掉另一方，一方的所得正是另一方的所失，整个社会的利益并不会因此而增加一分。从这个角度说，整体利益的产生是多个个人利益彼此相互实现的结果，人们的社会性存在为整体利益的产生提供了现实可能性。

正是因为社会整体利益是真实存在的，但它并不排斥个人利益存在的合理性；而社会整体利益不等于个人利益的总和，并不是个人利益的简单相加。正如斯大林所说："集体主义、社会主义并不否认个人利益，而是把个人利益和集体利益结合起来。"② 邓小平亦指出："在社会主义制度之下，个人利益要服从集体利益，局部利益要服从整体利益，暂时利益要服从长远利益，或者叫作小局服从大局，小道理服从大道理。我们提倡和实行这些原则，决不是说可以不注意个人利益，不注意局部利益，不注意暂时利益，而是因为在社会主义制度之下，归根结底，个人利益和集体利益是统一的，局部利益和整体利益是统一的，暂时利益和长远利益是统一的。"③ 可见，这里的整体利益强调整体与个体利益的辩证统一，不再是计划经济体制下简单否定个人利益来宣扬集体利益的旧的集体主义，它是在强调保护个人正当合理利益基础上的整体观念。在个人利益与整体利益发生冲突时，个人利益仍要服从整体利益，但这种服从与牺牲是在国家和集体已做出最大程度努力，但由于客观条件限制短期内无法满足个人利益情况下的牺牲，而不是以简单否定个人利益从而以集体凝聚力下降为代价。这种新型的社会整体利益观并不忽略、轻视和否认个人的正当利益，反而看重个人的主体性，重视维护和发展个人正当利益，强调个体的创造性和能动性得到充分发挥，通过人的协调与合作以形成巨大的合力，推动社会不断向前发展与进步。

于是，社会就必须要有一套能够体现社会整体利益的价值观，这便是社会主义核心价值观。2012年，党的十八大提出，在全社会倡导"富强、

---

① 《马克思恩格斯选集》第1卷，人民出版社，2012，第119页。
② 斯大林：《斯大林文集（1934—1952）》，人民出版社，1985，第13页。
③ 邓小平：《邓小平文选》第2卷，人民出版社，1994，第175—176页。

民主、文明、和谐"，倡导"自由、平等、公正、法治"，倡导"爱国、敬业、诚信、友善"的社会主义核心价值观。2013 年，中共中央办公厅颁发的《关于培育和践行社会主义核心价值观的意见》进一步明确了社会主义核心价值观的基本内容及其与社会主义核心价值体系的关系。习近平也多次强调培育社会主义核心价值观的重要性，如 2014 年在中共中央政治局第十三次集体学习时的讲话、在北京大学师生座谈会上的讲话等。经由一系列论述，进一步深化了人们对社会主义核心价值观的科学内涵及其包容性和共识性的认识。一方面，社会主义核心价值观符合最广大人民群众的根本利益，反映了人民群众对美好生活的向往和追求。另一方面，它又能正确处理整体与个体之间的关系，社会主义核心价值观既包含对"多"的包容性，更坚持对"一"的共识性。它既肯定不同阶层、不同群体的愿望，又明确树立共同理想；既尊重人民群众文化需求的多样性，又始终坚持先进文化的前进方向。在尊重差异中扩大认同，在包容多样中形成共识，既尊重多样又坚持一元指导，从而团结了不同阶层、不同认识水平的人们共同进步。

第一，社会主义核心价值观坚持对"一"的共识性。在较小范围的特殊群体中，由于人们的处境相同、立场一致，在价值观上容易达成一致，形成共识，但在整个社会中，全体人民的价值观念要达成共识则是一件很困难的事情，每个社会成员都从自己的利益和愿望出发，广泛的价值共识就难以形成。这说明不是任何一种价值观都能成为人们的思想共识，只有那些具有普遍性，适用于各种处境，指向人民整体利益的价值观才能被绝大多数的人所接受和认可。"社会主义核心价值观是当代中国精神的集中体现，凝结着全体人民共同的价值追求。"① 由此可见，社会主义核心价值观的立足点是最广大人民群众的根本利益，它坚决捍卫人民群众的主体地位，坚持共同富裕原则，充分体现了社会主义本质，是全国人民价值观念的最大公约数，是最高程度的共识。同时，社会主义核心价值观也是在汲取人类文明发展的成果上提出来的，人类文明发展的优秀成果与价值共识反映和代表了全人类的理想和目标，因而社会主义核心价值观也应在人类文明

---

① 习近平：《决胜全面建成小康社会　夺取新时代中国特色社会主义伟大胜利》，《人民日报》2017 年 10 月 19 日。

发展的基础上不断创新,并将在全人类文明发展的进程中逐渐形成共识。

第二,社会主义核心价值观是一个具有层次性的价值观念。社会主义核心价值观是维护国家整体利益的必然要求,是社会前进的方向和动力。但在社会主义市场经济条件下,由于市场主体的多元化决定了利益的多元化,造成了各阶层价值观的多样化。因而要求所有市场主体达到最高层次的道德规范要求显然不切实际,因此在全社会培育和践行社会主义核心价值观,要在确保国家整体利益的前提下区分不同对象的层次性,坚持分类指导和分层推进的原则。针对党和国家各级各类领导干部、共产党员等少数先进分子群体,要求增强大局意识,大公无私,不计辛劳,这是集体主义的最高层次。对于受过良好教育、具备较高道德素质的人群提倡先公后私,先人后己;而对于普通社会成员来说,遵纪守法、爱岗敬业、诚信友善应是基本要求。除此之外,对于那些多元、多样的价值观念、价值选择与文化需求,只要不影响社会公共秩序的稳定,就应该被尊重、理解和包容。因此,社会主义核心价值观可以让多元、多样的价值观念共生于核心价值观之中,这是一种体现了个体与整体高度统一又层次分明的价值观体系。

第三,社会主义核心价值观整合不同利益主体、凝聚思想认识的作用之所以能得到发挥,正是因为社会意识具有能动性且人的价值观具有可塑性。社会主义核心价值观作为一种先进的社会意识不是凭空出现的,只能是适应一定社会物质生活发展的要求而产生的,因而它必然具有满足这些需求的功能和价值,在一定条件下转化为物质力量并作用于社会存在。"理论一经掌握,群众也会变成物质力量。理论只要说服人,就能掌握群众;而理论只要彻底,就能说服人。所谓彻底,就是抓住事物的根本。而人的根本就是人本身。"[①] 由于我国市场经济体制起步较晚,纠错机制还不够完善,民主和法制建设尚需健全,这也给了个别企业可乘之机,出现偷税漏税、制假售假、强买强卖、合同欺诈、违反食品安全法、破坏生态环境等非法行为和社会问题,个别生产经营主体欺行霸市,不遵守市场规则,无视公平正义。公民个体责任感淡漠,不知美丑、不辨是非、不明善恶。在这样的背景下,市场经济急需一套先进的价值观念来矫正越轨行为,重申

---

① 《马克思恩格斯全集》第 1 卷,人民出版社,2009,第 11 页。

社会正义。社会主义核心价值观作为先进的社会意识反映了社会发展的趋势和潮流，能够通过影响社会不同阶层的思想情感达到凝聚人心的作用，使人民凝心聚力共同谋求经济发展与社会进步，从而实现精神武器向物质力量的转化。

当然，价值观是人们在实践基础上对自身或他人的行为进行是非曲直判断与评价的观念系统，有了这套参照标准和规范，面对纷繁复杂的现实世界，人们就能够辨别出真善美与假恶丑，从而对于什么事情能做，什么事情不能做就有了衡量尺度。我们知道，当具有差异性的个人都持有相同的价值观念时，社会价值共识便形成了，因此价值共识形成的根本是价值观的一致。价值观又是在实践基础上形成的，实践决定认识，实践行为起着修正和丰富价值观念的作用，而价值观念又会随着后天的生产生活实践而发生改变，在实践—认识—再实践—再认识的相互作用和循环过程中，价值观念得以螺旋式上升，于是人类才能朝着自己理想的目标前进，正所谓"历史不过是追求着自己目的的人的活动而已"①。因此随着社会实践活动的改变，人的价值观得以不断重塑，并且每一次重塑都是一次新的升华。但同时我们也应注意，人们的价值观念一经形成，就具有相对稳定性和持久性。就个人来说，想要改变自身固有的价值体系有时是非常困难的，就全社会来说，这种改变更是需要几代人的坚持和不懈努力。因此，个人价值观的变迁不是一蹴而就的，而是一个极其艰难漫长的过程，对此要充满耐心。也正因为这漫长的历史过程，核心价值观的真理性与进步性才得以考证。

综上所述，社会主义核心价值观在代表整体利益的同时又能正确处理好国家整体与不同市场个体之间的关系，是一种兼具共识性和层次性的内容丰富的价值观念，而它整合各类利益主体、凝聚思想认识的作用之所以能得到发挥，也与社会意识的能动性原理和人的价值观的可塑性原理密不可分。

三 社会主义核心价值观引领市场经济发展的实践路径

思想和价值观的力量本身并不能简单进行自我实现，还需要通过现实

---

① 《马克思恩格斯全集》第 2 卷，人民出版社，2009，第 118—119 页。

有效的传播路径才能被广大民众认同和接受，从而"外化"为指导人们的实践活动。从全社会这个角度来看，这一"外化"过程离不开制度的保障，用这种价值观来引领、指导国家制度设计和改革。因此，只有将社会主义核心价值观融入和渗透在市场经济体制、政治体制、法律制度的完善和政策制定的过程中去，尤其是将党的统领贯穿其中，并正确处理好政府与市场的关系，才能真正使社会主义核心价值观在广大民众心中确立。党的十九届四中全会提到要"把党的领导落实到国家治理各领域各方面各环节"。具体来说要做好以下几个方面的工作：

在生产环节，不同于资本主义经济追逐剩余价值的秉性，社会主义生产的根本目的是为了满足人民群众的需要，因此要坚持社会主义生产资料公有制的主体地位，并增加社会公共产品的供给。政府还要继续在战略层面上推动供给侧结构性改革，构建高质量的市场经济生产体系。我国经济已经从高速增长阶段转变为高质量发展阶段，当前和今后在市场经济生产领域展开的竞争是质量竞争而非数量竞争。作为市场经济主体的企业应从供给侧即生产端出发，改进生产工艺与设备，加快技术研发与创新，提高劳动生产率，调整生产结构，变无效低端供给为高效高端供给，提升产品质量，增强企业竞争力。同时，完善企业环保生产的法律法规，加大对绿色环保企业的财政补贴和对违规生产企业的惩戒力度。企业也应把环保原则落实在生产包装过程中，减少有毒有害垃圾产出，污水经处理再排放，对废弃产品进行回收和再利用，提高自然资源利用率，做到清洁生产。

在流通（交换）环节，由于流通（交换）对生产有很强的反作用，因而我们要把控好流通环节的制度建构与政策实施。首先，应继续推动经济体制改革，以经济要素市场化配置为重点，实现"要素自由流动、价格反应灵活、竞争公平有序"的市场竞争格局，清除一切妨碍自由流通和公平竞争的规章制度。其次，要深化行政体制改革，合理安排调整职能部门以适应市场经济需要，提高办事效率，不给推诿扯皮行为留余地，破除等级特权、官僚主义、形式主义、奢靡之风等思想藩篱。确保政策的制定与变动符合核心价值观的基本精神，保持政策开放性和稳定性，使企业生产、建设、发展都有章可循。再次，社会主义国家又必须限定市场经济运行和资本流通的界限和范围，禁止资本流入政治领域，防止资本勾结政治权力伤害社会公共利益的情况出现。同时也要禁止资本介入法律领域，削弱法律威信。社会主义中国必须把根本的政治权力和立法权力掌握在国家和人民手中，而不能沦为资本家和金融集团的牟利工具。在涉及公共资源和社会福利产品的关键领域设定独立的法律法规，严厉打击权钱交易行为，切断资本与公权的利益链条。最后，建立健全领导干部监督考核评价机制，抵制商品交换原则对党员、干部思想的侵蚀，促使党员、干部群体坚守正直廉洁、诚信友善的价值观念和行事作风。只有经过长期的社会主义民主、法治、公平的规范洗礼，包括对腐败问题的治理，核心价值观才可能真正在民众心中树立。

在分配环节中，首先，我们要毫不动摇地坚持按劳分配为主体、多种分配方式并存的基本分配制度，让劳动、资本、技术和管理等要素按贡献参与分配，提高居民收入在国民收入分配中的比重，提高劳动报酬在初次分配中的比重，使民众各尽其能，各得其所。同时要完善社会保障和利益补偿机制，充分利用财政税收政策、转移支付、社保兜底等再分配调节手段。其次，我们要规范市场分配秩序，保护居民的合法性收入，严查隐性收入和灰色收入，遏制以行政权力、垄断等非市场因素获得的收入。再次，我们要坚持乡村振兴战略，推动教育、医疗、文娱、养老、社保等基本公共服务资源向农村倾斜，同时也应适当激活资本要素实现乡村振兴，不能因担心市场化运营、资本运作在乡村造成的破坏性影响而拒斥它们对乡村发展的促进作用，而要通过党和政府的监管和约束给资本的无边力量套上有形的笼子。又次，我们要提倡共享发展理念。改革发展成果能否让人民共享以及在多大程度上让人民共享实质上涉及利益分配的问题，这也是社会公平正义的要求。最后，我们还需要有一套社会自发运行并受政府掌控的市场分配体系，将闲置的社会资本有效利用起来，并充分发挥社会组织、行业协会等社会机构的职能与作用，进而在行政手段与市场手段相互配合的过程中形成义利统一的财富分配格局。总而言之，完善构建政府宏观调控有度、市场自发调节有效、微观主体有利的中国特色社会主义市场经济体制，是社会主义核心价值观引领分配领域改革的内在要求。

在消费领域中，首先，我们要发挥税收体系对消费的调节作用。通过对造成危害的消费产品或行为征收环境污染税或碳税，对绿色环保产品或绿色消费行为减免征税，从而实现对转型升级消费和绿色产品生产的支持和引领。其次，我们要建立健全法律监督机制。当前我国法律监管机制还未能跟上新型消费模式的转变，政府等监管部门应加大对食品、医药等主要消费领域的监管力度，尤其要创新对线上网络消费的监管方法和手段，严厉打击和惩治偷税漏税、商业欺诈、制假售假等违法行为和不正当行为，切实维护消费者权益，营造良好市场环境，提升消费者对中国制造的信心，从而更好满足人民日益增长的美好生活需要。最后，我们应出台针对民营企业的管理办法，敦促其树立遵守法律法规的底线思维，明确"法治"对企业内部管理和经营销售的重要影响，确保生产及销售程序符合国家法律规范，履行对供应商和消费者应负的责任。在消费理念上，消费者个人应树立理性、绿色的消费观。在鲍德里亚看来，以市场经济为基础的"消费社会"把人们的日常生活变得日益商业化，消费品成为个人地位、荣誉的象征和符号象征，消费异化和消费主义对可持续发展和环境保护造成严重危害。因此消费者个人也应承担一定的社会责任，以身作则践行绿色消费观和可持续消费观：减少一次性产品使用频率，反对资源浪费行为，并自觉用高层次的精神追求去超越物质欲望，精神满足始终有着物质积累所无法取代的愉悦和超脱的一面。最终在政府、企业和消费者的共同努力下建立起尊重生态价值的和谐性消费文化，逐步带动社会风气的变化。

总而言之，用社会主义核心价值观引领市场经济发展，不仅需要我们在全社会灌输社会主义核心价值观这一科学理念，更需要我们将这一科学理念贯穿在市场经济的生产、流通（交换）、分配和消费等环节的具体制度中去。只有把社会发展所需要人民树立的价值观和人民自身的利益、愿望和兴趣结合起来，人民才能从行动上而不是口头上接受这种价值观。这种认同的方式不能仅靠国家的强制性灌输，而要通过完善制度设计、健全体制机制、彰显政策优势等使人民潜移默化地认同这一价值观的科学理念，真正做到内化于心、外化于行。

【执行编辑：刘冰】

文化与价值研究

Research on Culture and Value

试论钱学森科学思维的道德底蕴与时代价值

——纪念钱学森院士诞辰 110 周年

唐志龙*

【摘　要】 科学精神不仅需要渊博学识、沉睿智慧、创新勇气等才华条件的支撑，更需要理想信念、情怀操守、人格品质等道德底蕴的奠基。本文从价值论视阈，在三个方面探讨了钱学森科学思维的道德底蕴及其时代价值。一是崇高的爱国情怀，是钱学森科学思维的价值取向，必将成为新时代一切有志攀登科技强国巅峰者的指路明灯；二是坚持求真务实，是钱学森科学思维的价值品格，对我们建设科技强国贡献更多原创性成果提供了良好思路；三是注重团队协作，是钱学森科学思维的价值合力，为我们提出了在实践中搞好团结协作的正能量要求。钱学森科学思维的三个方面紧密联系、相互作用，充盈着中华民族的伟大智慧与伦理特色，值得深入研究并不断发扬光大。

【关键词】 钱学森；科学思维；道德；价值

---

* 唐志龙，中国人民解放军国防大学政治学院教授、博士生导师，主要研究方向为马克思主义哲学。

钱学森（1911.12—2009.10），世界著名科学家，空气动力学家，中国载人航天奠基人，中国两院院士及"两弹一星"功勋奖章获得者，1991年被国务院、中央军委授予"国家杰出贡献科学家"荣誉称号和一级英模奖章。作为一贯倡导科学精神并当之无愧成为当代中国科学精神的杰出代表，钱学森自身科学精神十分丰富，在理论与实践的结合上堪称典范。他认为一个真正的科学家，应具备实事求是的科学思想与作风，具有努力探索与捍卫真理的科学思维与勇气。这不仅需要渊博学识、沉着智慧、创新勇气等才华条件的支撑，更需要理想信念、情怀操守、人格品质等道德底蕴的奠基。国无德不兴，人无德不立。《南北朝·世说新语》说："百行以德为首"，表明品德操守始终是做人及做学问、搞研究的首要和基本问题。正是由于钱学森自觉坚持"德"之首要地位，终使其科学思维达到了"以德修身、以德立威、以德服众"[1] 的真善美相统一的至高境界。从价值论视阈，深入研究钱学森的科学思维，对于新时代里大力倡导科学精神，努力搞好科技创新，拓展价值论应用领域，都是有裨益的。同时，也谨以此文纪念钱学森院士110周年华诞。

一 崇高爱国情怀——钱学森科学思维的价值取向

从哲学视阈看，意识、精神、思维、思想，尽管有些微区别，本质却属同一层次的范畴，都是人脑的机能、客观存在的反映。任何思维、精神的形成与发展，总与一定世界观、人生观特别是价值观密切联系，有着明确的价值取向。价值取向是价值观的内核，回答人们"应该怎样"的问题，决定一定的利益选择，为其在思维中提供方向。人们思维的价值取向，直接决定思维素质在理性层面的方向性要求，也是其思考能力大小及持续性在精神层面选择目标的具体行为。价值取向宣示着思维在对客观事物价值大方向衡量中，选择其相对有利的价值目标，从而达到"取"向，深层动因是需要和利益。马克思主义认为："'思想'一旦离开'利益'，就一定会使自己出丑。"[2] 思维的价值取向，说到底就是对自己思维能力发展价值方

---

[1] 习近平：《在庆祝中国共产党成立95周年大会上的讲话》，《人民日报》2016年7月2日。
[2] 《马克思恩格斯全集》第2卷，人民出版社，1956，第103页。

向的定位与选择。

科学是社会意识形式之一，是以范畴、定理、定律等反映世界各种现象的本质和运动规律的知识体系。1896年，梁启超在《变法通议》中首用"科学"一词。我国哲学界认为，科学（包括自然科学、社会科学和思维科学）首先是一种知识形态的东西，它既同借助艺术形象反映世界的艺术相区别，又同对现实作虚幻反映的宗教相对立①。苏联《简明哲学辞典》一书中认为，科学是在社会历史生活中积累起来的关于自然、社会和思维的各种知识体系。科学的目的就是揭示各种现象的客观规律和解释各种现象，是在人们的生产实践活动基础上产生和发展的②。美国科学哲学家瓦托夫斯基1969年于伦敦出版的《科学哲学导论》（范岱年译，求实出版社1982年出版）认为，"科学思想的起源"于常识和人们的共同实践中，产生在神话、格言和技术规则得到列举说明的前科学的解释模式中，科学知识的根基源于知觉、行动和思想这些普通的人类活动，溯源于论说的形式和作用及其在批判的起源中和在古希腊哲学、科学的理性思想的起源中的发展③。因此，科学思维是近代科学发展所积淀形成的独特意识、理念、气质、品格、规范和传统，即科学活动方式所特有的气质与要求，体现了哲学与文化完美融合之意蕴。

一般来说，科学思维蕴含在人们科学思想、科学方法和科学的精神气质之中，主要包括辩证思维、求真思维、实证思维、创新思维、宽容思维以及怀疑和批判思维等基本内容。尤应看到，就科学家这一社会特殊群体来说，科学思维还具有可贵的人文关怀精神。现实表明，科学家并非游离社会之外的"象牙塔"中从事研究活动的人，关注现实、热爱祖国是科学家必备的基本品格之一，服务社会是科学思维的重要职能。"科学无国界，科学家有祖国"，早已成为国际社会的共识。2018年5月，习近平总书记在同北京大学师生座谈时指出："爱国，是人世间最深层、最持久的情感，是一个人立德之源、立功之本。孙中山先生说，做人最大的事情，'就是要知

---

① 冯契主编：《哲学大辞典》（上，修订本），上海辞书出版社，2001，第722页。
② 〔苏〕罗森塔尔等编：《简明哲学辞典》，中共中央编译局译，生活·读书·新知三联书店，1973，第347页。
③ 冯契主编：《哲学大辞典》（上，修订本），上海辞书出版社，2001，第738页。

道怎么样爱国'。我们常讲，做人要有气节、要有人格。气节也好，人格也好，爱国是第一位的。"① 他多次阐明："爱国主义是中华民族精神的核心。爱国主义精神深深植根于中华民族心中，是中华民族的精神基因，维系着华夏大地上各个民族的团结统一，激励着一代又一代中华儿女为祖国发展繁荣而不懈奋斗。5 000 多年来，中华民族之所以能够经受住无数难以想象的风险和考验，始终保持旺盛生命力，生生不息，薪火相传，同中华民族有深厚持久的爱国主义传统是密不可分的。"② 科学思维本质上是至善的，科学家应自觉运用它对科学发展及其应用有可能导致的各种后果进行预测说明，并承担道义上的社会责任，自愿接受社会对科学活动的评价和选择，不能为一己私利借助科学思维干出反人民、反人类根本利益的"缺德"事。第二次世界大战中，德国和日本法西斯卵翼下的某些科学家，尽管他们也"成功"地运用了科学思维，诸如创新武器装备、探索细菌试验等，但由于其主子的反人类罪行，他们在"失德"环境中的发明创造不过是为法西斯张目与推波助澜，难免永远被钉在了历史的耻辱柱上。在科学技术已成为第一生产力的今天，科学思维应当而且必须包括这样一种富有人文情愫的理智精神：对人的价值至高信仰，对人类处境的无限关怀，使科学的进步和应用更符合人类整体发展的长远及根本利益。

获得这种理性烛照，钱学森认为科学思维的培育离不开高尚道德情操的滋润与浇灌，强调科技工作者要有坚定不移的理想信念、矢志不渝的爱国情怀，只有坚持品德情感与智慧能力并重，才能在科学思维导引下创造出灿烂的科研之果，为人类发展作出应有贡献。他认为，一个科学家，首先必须有一个科学的人生观、宇宙观，必须掌握一个研究科学的科学方法。这样，他才能在任何时候都不致迷失道路；这样，他在科学研究上的一切辛勤劳动，才不会白费，才能真正对人类、对自己的祖国作出有益的贡献。钱学森身体力行，成为新中国爱国留学归国人员中最具代表性的国家建设者，新中国历史上伟大的人民科学家。1950 年，他主动放弃国外优裕的生活待遇和科研条件，开始争取回国效力。当时美国海军次长金布尔曾声称：

---

① 习近平：《在北京大学师生座谈会上的讲话》，《人民日报》2018 年 5 月 3 日。
② 习近平：《主持中共中央政治局第二十九次集体学习时的讲话》，《人民日报》2015 年 12 月 31 日。

钱学森无论走到哪里，都抵得上5个师的兵力，我宁可把他击毙在美国，也不能让他离开。钱学森由此受到美国政府迫害，遭到软禁，失去自由。但他不畏强暴，历尽千辛万苦，在党和国家帮助下，毅然决然偕全家于1955年10月回到家乡为祖国和人民效力，并于1958年10月加入伟大的中国共产党。他动情地说，我在美国前三四年是学习，后十几年是工作，所有这一切都在做准备，为了回到祖国后能为人民做点事——因为我是中国人。由于钱学森回国效力，中国导弹、原子弹的发射向前推进了至少20年。基于此，2013年10月21日，习近平在欧美同学会成立100周年庆祝大会上号召广大留学人员向钱学森学习，自觉坚守爱国主义精神，努力为人民服务。习近平指出："钱学森同志曾经说过：'我作为一名中国的科技工作者，活着的目的就是为人民服务。如果人民最后对我一生所做的工作表示满意的话，那才是最高的奖赏'。"① 从根本上说，"两弹一星"精神就是爱国主义、集体主义、社会主义精神和科学精神的生动体现，是中国人民在20世纪创造的宝贵精神财富，对于我们实现中华民族伟大复兴的中国梦具有重大激励价值。

在数十年的科学研究中，钱学森一直兢兢业业，努力践行着一个科技工作者的铮铮誓言。1980年至1991年，他在担任中国科学技术协会副主席和主席期间，曾积极开创、推动面向企业的"讲理想、比贡献"竞赛活动，引导企业科技工作者把振兴中华的理想与企业发展目标，同个人理想有机结合起来，促进了群众性技术创新活动蓬勃开展。由于钱学森贡献卓著，党和人民给予他崇高的荣誉，他却谦虚地说：我个人仅仅是沧海一粟，真正伟大的是党、人民和我们的国家。其夫人蒋英评论道：他是一位把祖国、民族利益和荣誉看得高于一切的人，说得上是一位精忠报国、富有民族气节的"中国人"。2009年9月，钱学森被评为100位新中国成立以来感动中国人物之一。组委会授予的颁奖词是：在他心里，国为重，家为轻，科学最重，名利最轻。5年归国路，10年两弹成。他是知识的宝藏，是科学的旗帜，是中华民族知识分子的典范！这正是钱学森崇高爱国情怀的光辉写照。2018年5月，习近平同志在中国科学院第十九次院士大会、中国工程院第

---

① 习近平：《习近平谈治国理政》，外文出版社，2014，第58—59页。

十四次院士大会上赞扬道："'繁霜尽是心头血，洒向千峰秋叶丹。'两院院士是国家的财富、人民的骄傲、民族的光荣。长期以来，一代又一代科学家怀着深厚的爱国主义情怀，凭借深厚的学术造诣、宽广的科学视角，为祖国和人民作出了彪炳史册的重大贡献。祖国大地上一座座科技创新的丰碑，凝结着广大院士的心血和汗水。我们的很多院士都具有'先天下之忧而忧，后天下之乐而乐'的深厚情怀，都是'干惊天动地事，做隐姓埋名人'的民族英雄！"① 这也是对钱学森等所有爱国科学家们的充分肯定，是对其科学思维坚持正确价值取向的崇高褒奖，必将成为新时代一切有志攀登科技强国巅峰者的指路明灯。

二 坚持求真务实——钱学森科学思维的价值品格

科学是求真之学，科学家必须大胆追求真理、勇于捍卫真理。科学思维的核心，就是需要人们确立为真理而献身的崇高理念与品格，坚决反对独断、虚伪与谬误，始终把握"实践是检验真理的唯一标准"这个认识论基本原则，坚持做到求真务实。钱学森生前长期担任中国火箭和航天计划的技术领导人，对航天技术、系统科学和系统工程作出了巨大与开拓性的贡献，离开了求真务实为核心的科学思维导引，后果是不可想象的。

求真务实，是辩证唯物主义与历史唯物主义一以贯之的科学精神，是我们党思想路线的核心内容，也是党的优良传统和共产党人应该具备的政治品格。习近平指出："武装头脑、指导实践、推动工作，落脚点在指导实践、推动工作；学懂弄通做实，落脚点在做实。要牢记空谈误国、实干兴邦的道理，坚持知行合一、真抓实干，做实干家。"② 他在要求人们特别是领导干部求真务实时反复强调：坚持求真务实，既要在"求真"上下功夫，更要在"务实"上做文章，尤其要做到讲实情、出实招、办实事、求实效。从认识论视角看，求真务实表征着认识与实践具体的历史的统一，体现着两者相互促进和双向提升的内在品质。"真"，是客观事物本身所固有的规

---

① 习近平：《在中国科学院第十九次院士大会、中国工程院第十四次院士大会上的讲话》，《人民日报》2018 年 5 月 29 日。

② 习近平：《在中央党校中青年干部培训班开班式上的讲话》，《人民日报》2019 年 3 月 2 日。

律性。追求真，就是要求人的活动合规律性，其显著特征主要表现在两方面：思维上，要求人们遵循一切从实际出发的客观性原则；行动中，要求人们自觉按客观事物规律来设定自己的活动。毛泽东指出："人们要想得到工作的胜利即得到预想的结果，一定要使自己的思想合于客观外界的规律性，如果不合，就会在实践中失败。"① 只有从失败中吸取教训，改正自己的思想使之合乎外界的规律性，才能重新获得成功。当然，人们获得正确的认识不是最终目的，而是要将它运用于实践并获得成功，才算达到了真正目的。因此，"求真"的价值指向在"务实"。这里的"务"，指坚持；这里的"实"，指实在、实行、实际、实干、实效等。要使这些"实"真正落实，又离不开人的实践活动。只有在实践基础上，人们才能将正确的认识用于指导行动，得到预想结果。所以务实问题说到底，就是要实事求是，不能脱离实际；要实实在在，不能弄虚作假；要脚踏实地，不能华而不实；要真抓实干，不能光说不练；要注重实效，不能搞形式主义等。可见，求真务实的"实"以"真"为前提和条件，同时又是"真"的价值归宿与落脚点。"求真"与"务实"两者的相互联结、有机统一表明：人们科学活动中必须在实践基础上努力"求真"，即获得客观事物规律性的认识；又在实践基础上认真"务实"，使自己行为符合客观规律，干出实效。由于客观事物范围广袤性和发展无止境性，决定了求真务实的必要性、永恒性和前进创新性，表征着认识与实践具体的历史的统一，体现着两者相互促进与双向提升的内在诉求，也凸显着科学思维的内在价值品格。

品格同人的本质密切联系着，是人们一定的品德、品质、人格、作风等综合素质的外在表现。科学思维的价值品格，反映着人们特别是科技工作者所特有的有利于社会发展的立场、观点、方法等精神层面多维度的道德操守。同时，科学思维蕴含的这些内在价值品行操守的练就与提高，又离不开求真务实地坚持和指导。在长期的科学研究与实践中，钱学森自觉贯彻求真务实精神，不断进行科学理论概括和总结，共发表专著7部、论文300余篇，在应用力学、工程控制论、物理力学、系统工程等方面卓有建树。特别在喷气推进与航天技术领域，从提出到实施以及成果完成验证，

---

① 毛泽东：《毛泽东选集》第1卷，人民出版社，1991，第284页。

都始终注重求真务实，着力推进了科学思维健康发展。从 20 世纪 40 年代到 60 年代初期，钱学森在火箭与航天领域提出了一系列重要概念：40 年代提出并实现了火箭助推起飞装置（JATO），使飞机跑道距离缩短；1949 年提出了火箭旅客飞机概念和关于核火箭的设想，1953 年研究了行星际飞行理论的可能性，并在实践中不断完善和发展了这些理论；1962 年出版的《星际航行概论》中，提出了用一架装有喷气发动机的大飞机作为第一级运载工具，用一架装有火箭发动机的飞机作为第二级运载工具的天地往返运输系统概念，用于实际后也进一步得到了补充完善。所有这些成果的获得，都与其科学思维坚持求真务实分不开。实践表明，钱学森毕生坚持真理、科学求实、治学严谨、精益求精，不务虚名、不尚空谈，学术作风民主，善于团结同志，在我国科技界享有崇高威望，真切彰显出其科学思维坚持求真务实的内在价值品格。

求真务实在科学思维中的时代诉求，根本点在不断创新。创新对国家、民族、政党、军队至关紧要，对科技工作者也是如此。对真理的渴求、执着和热爱，永远是科学探索、创新和发展中本源性、内禀性的推动力量。习近平指出："我国科技发展方向就是创新、创新、再创新。"① 江泽民强调："崇高的理想抱负、炽热的爱国热情、坚忍不拔的毅力，是创新成功的必备条件。"② 钱学森一生业绩辉煌，为祖国和人民作出了多方面的杰出贡献，推动力量源于强烈创新意识与崇高人格品质。他指出，我们不能人云亦云，这不是科学精神，科学精神最重要的就是创新。即使晚年躺在病床上，他也仍将创新精神的培育作为萦回毕生的大事思考，多次谈到这个问题，包括对一些来看望他的中央领导同志一再强调。2005 年 3 月 29 日下午在北京 301 医院，他专门找了有关人士最后一次系统而全面地谈了科技创新人才的培养课题。他阐明：今天找你们来，想和你们说说我近来思考的一个问题，即人才培养问题。我想说的不是一般人才的培养问题，而是科技创新人才的培养问题。我认为这是我们国家长远发展的一个大问题……今天，党和国家都很重视科技创新问题，投了不少钱搞什么"创新工程""创新计划"等等，这是必要的。但我觉得更重要的是要具有创新思想的人才。问

---

① 习近平：《习近平谈治国理政》，外文出版社，2014，第 123 页。
② 江泽民：《江泽民文选》第 2 卷，人民出版社，2006，第 400 页。

题在于,中国还没有一所大学能够按照培养科学技术发明创造人才的模式去办学,都是些人云亦云、一般化的,没有自己独特的创新东西,受封建思想的影响,一直是这个样子。我看,这是中国当前的一个很大问题。钱学森还以自己 20 世纪 30 年代在美国的学习体会,结合中国现状,提出了创新人才培育要注重品德教育、人机互动、独立思考、智慧杂交、艺术熏陶、思维科学等多向路径。

钱学森提出的科学创新问题,对激励我们确立科学思维,在求真务实中贡献原创性的科学成果,提供了良好思路。当前,我国科技领域仍有许多亟待解决的突出问题,同世界飞速发展的科技革命新要求新任务相比,在视野格局、创新能力、资源配置、体制政策等方面存在许多不适应之处。特别是基础科学研究短板诸多,重大原创性成果缺乏,底层基础技术、基础工艺能力不足,工业母机、高端芯片、基础元器件、基础材料等瓶颈突出,关键核心技术受制于人的局面未根本性改变,被外国人"卡脖子"事件时有发生。2018 年 5 月 28 日,习近平同志在中国科学院第十九次院士大会、中国工程院第十四次院士大会上着重指出:"我国人才发展体制还不完善,激发人才创新创造活力的激励机制还不健全,顶尖人才和团队比较缺乏。"他同时强调:"中国要强盛、要复兴,就一定要大力发展科学技术,努力成为世界主要科学中心和创新高地。我们比历史上任何时期都更接近中华民族伟大复兴的目标,我们比历史上任何时期都更需要建设世界科技强国!"① 2020 年 7 月,中国共产党十九届五中全会进一步提出:"坚持创新在我国现代化建设全局中的核心地位,把科技自立自强作为国家发展的战略支撑,面向世界科技前沿、面向经济主战场、面向国家重大需求、面向人民生命健康,深入实施科教兴国战略、人才强国战略、创新驱动发展战略,完善国家创新体系,加快建设科技强国。要强化国家战略科技力量,提升企业技术创新能力,激发人才创新活力,完善科技创新体制机制。"② 习近平阐明:"科学无国界,科学家有祖国。我国科技事业取得的历史性成就,是一代又一代矢志报国的科学家前赴后继、接续奋斗的结果。

---

① 习近平:《习近平谈治国理政》第 3 卷,外文出版社,2020,第 246 页。
② 《中国共产党第十九届中央委员会第五次全体会议公报》,《人民日报》2020 年 10 月 30 日。

从李四光、钱学森、钱三强、邓稼先等一大批老一辈科学家,到陈景润、黄大年、南仁东等一大批新中国成立后成长起来的杰出科学家,都是爱国科学家的典范。希望广大科技工作者不忘初心、牢记使命,秉持国家利益和人民利益至上,继承和发扬老一辈科学家胸怀祖国、服务人民的优秀品质,弘扬'两弹一星'精神,主动肩负起历史重任,把自己的科学追求融入建设社会主义现代化国家的伟大事业中去。"[1] 可以预见,只要我们在攀登科技强国之路上切实恪守求真务实的价值品格,一定会打造出中华民族科学创新的美丽百花园。

三 注重团队协作——钱学森科学思维的价值合力

科学本质上是团队共同体的产物,科学中的协作精神不仅是科学思维的重要内涵,也是衡量科学家素质的重要参数。在科学日益向高度综合化、整体化、社会化特别是全球化发展的态势下,协作研究、团结攻关已成为科学研究活动的主导形式。特别是由于现代科学研究项目规模的日益扩大,更须依靠多学科和社会多方面的协作与支持,才能有效完成任务。因此,注重强化团队协作,增添了钱学森科学思维与实践的巨大价值合力。

科学思维不仅对科学创新具有十分重要的价值,也对人们在日常工作与生活中注重团队协作精神的发扬颇有教益。它寓含着一个深刻道理:一朵鲜花装扮不出美丽的春天,一个人再能干也只是单枪匹马,众人出力才能移山填海。这在科学史上屡见不鲜。阿波罗工程是美国从 20 世纪 60 年代到 70 年代初从事的一系列载人登月飞行任务,宇航员尼尔·阿姆斯特朗等 3 人驾驶着宇宙飞船跨过 38 万公里的途程踏上了月球表面,见证了人类飞月 5 000 年梦想的实现。这项世界航天史上划时代意义的工程,涉及数学、物理、化学、生物、天文、地理等学科,使用了 360 台电子计算机、700 万个零件,参加者有 2 万家企业、200 多所大学和 80 多个科研机构,总人数超过 30 万人。这样复杂而大型的科学实践活动,不仅借助了系统科学方法、

---

[1] 习近平:《在科学家座谈会上的讲话》,《人民日报》2020 年 9 月 12 日。

系统工程、电子技术,更要发挥所有科学家、组织者、指挥员及一切参加者的团结协作精神,否则无法完成。我国"两弹一星"及宇航飞行等多项科学研究的实践,特别是近年来问世的北斗卫星导航系统、高性能计算机、"嫦娥五号"探测器、全海深载人潜水器等工程技术成果,为我国经济社会发展提供了坚强支撑,也为我国成为有世界影响的科技强国奠定了重要基础。同时更进一步向世人昭示:无论是"上九天揽月",还是"下五洋捉鳖",不仅需要先进的科学技术支撑与充裕的物资供应保障,也需要科学家乃至所有相关人员的精诚团结协作,心往一处想、劲往一处使,才能最终获得成功。

钱学森作为当代伟大科学家,十分明白其中的奥秘,懂得团队上下一致、同心同德,才能有效增强凝聚力、战斗力、创造力,使其科学思维在实践上充盈着中华智慧与中国特色。1956年,刚回国不久的钱学森受到了毛泽东、周恩来的亲切接见。毛泽东曾在菊香书屋望着钱学森说:你那个关于《建立我国国防航天工业的意见书》,我仔细看过了。写得很好呀!受到主席的当面赞扬,钱学森谦和地笑了笑。面对研究火箭与导弹存在的问题,以及当时苏联对我国建设"卡脖子"情况,钱学森报告道:根据工程控制论的理论,我们准备先搞出图纸和模型,在不依靠外援的基础上拿出我们自己的东西。就像刚才总理说的,我们搞火箭导弹,包括搞卫星,要有立足于国内的思想准备,当然这里最重要的是全国大力协作,使工程控制论的研究更趋完善。听到这里,毛泽东非常兴奋,插言说:学森同志,你谈得蛮好呀!现在我们搞尖端技术,也是在打硬仗,打一场工程控制论的硬仗呢!我们过去的辽沈、平津、淮海三大战役为什么取得胜利,就是运用了"集中优势兵力,各个击破敌人"的战略思想。学森同志,实际上,这也是你的工程控制论在军事上的运用,只是当时没有这个名词罢了!事实证明,无论是"两弹一星"的成功,还是多方面科研任务的完成,钱学森大力提倡集体主义精神,十分注重坚持个体能力与整体力量的协调,积极发挥团队协作功能,并从理论上提升到系统工程高度加以认识和总结,使其科学思维的价值力量独具异彩。

概括起来,钱学森的科学思维注重团队协作以发挥价值合力,主要具备了三个"意识":一是整体意识。钱学森一贯认为,在科学研究的战斗集体里，各组成部分无论单位或个人，都是其中一部分、一分子，需要大家具备强烈的整体意识，自觉顾全大局，在实践中团结一致形成合力，使集体力量大于各个部分力量之和。他在担任相关领导期间，坚持反对那些缺乏整体意识，没有大局观念，喜欢争功诿过、各行其是的单位与部门；他自己身体力行，努力爱岗敬业，做到分工不分家，同科学研究集体始终保持着十分密切的合作关系；他经常主动帮助别人，认真协调多方关系，成为团结协作的楷模。20世纪50年代后期中苏关系破裂后，在苏联撕毁协定、撤走专家的困难局面面前，钱学森团结带领科技人员艰苦奋斗，联合攻关，依靠我国自身力量，实现了导弹武器研制试验一系列重大突破。二是宽容意识。科学思维需要宽容意识，它允许"出错"，倡导"失败是成功之母"，通过"宽容错误"以"激励进取"。科学作为人类探索客观世界未解之谜的活动，不能排除错误和失误的可能性，科学家经常是在试错情况下，向正确方向推进的。宽容意识也是一种民主精神和自由精神。钱学森在主持所任科学研究任务期间，强调在研究中容许相互对立的假说同时并存，允许大家自由发表观点，充分尊重不同见解和坚持的权利，获得了广大科研人员的认同与支持。科学思维所特有的这种思想兼容、百家争鸣的开明品质，保证了各种假说互相撞击，有利于我国在"两弹一星"等科学理论与实践方面的成功。三是多学科融合意识。科学思维不是孤立的"点"式思考方法，而是多视角多层次的"面"式或"立体"式的思考方法，反映了思维的灵活性与广袤性，也映照出思维者宽阔的胸襟与和谐的人际关系。其着力点在于打破学科壁垒，注重多学科融合，促进科学思维的发展。钱学森大力主张发展思维科学要同人工智能、智能计算机的工作结合起来，提出把基础理论、技术科学、应用技术统一起来考虑专业设置的内容，强调要充分利用计算机、信息网络，人机结合优势互补的长处。他以自己亲身参与应用力学发展之体会，阐明研究人工智能、智能计算机要以应用力学为借鉴，走理论联系实际，实际接受理论指导的道路。他还认为形象思维学的建立是思维科学研究的突破口，也是人工智能、智能计算机的核心问题等。可见，"钱学森科学思维"是他在长期科学研究中形成的独特的思想理论体系，包括航天科学思想、工程控制论科学思想、人体科学思想、思维科学思想、系统科学思想、复杂科学思想等理论体系。

钱学森的科学思维，是他在批判和学习前人理论成果的基础上，结合自己及战友丰富的实践经验，概括总结而成的，含有"集体智慧"结晶之意，对人们开展相关科学研究实践具有重要意义，凸显了科学思维必须搞好团结协作的正能量要求。2014 年 6 月 9 日，习近平同志在中国科学院第十七次院士大会、中国工程院第十二次院士大会上指出："要坚持竞争激励和崇尚合作相结合，促进人才资源合理有序流动。"① 2016 年 5 月 30 日，他在全国科技创新大会上进一步阐明："要营造良好学术环境，弘扬学术道德和科研伦理，在全社会营造鼓励创新、宽容失败的氛围。"② 习近平还多次强调："要注重个人评价和团队评价相结合，尊重和认可团队所有参与者的实际贡献。"③ 显然，欲达此目的，必须让团队协作具备坚实的价值合力，进一步彰显出科学思维深厚的道德底蕴。2013 年 9 月 26 日，习近平在会见第四届全国道德模范及提名奖获得者时再次指出："精神的力量是无穷的，道德的力量也是无穷的。中华文明源远流长，蕴育了中华民族的宝贵精神品格，培育了中国人民的崇高价值追求。"④ 总之，钱学森奠基于中华文明道德基础上的科学思维，三个方面紧密联系、相互作用，充盈着中华民族的伟大智慧与伦理特色，给科技领域留下了浓墨重彩的记忆和宝贵的精神财富，对我们在新时代努力走好科技强国之路，有着重要的引领价值，值得深入研究并不断发扬光大。

【执行编辑：陈新汉】

---

① 习近平：《习近平谈治国理政》，外文出版社，2014，第 128 页。
② 习近平：《习近平谈治国理政》第 2 卷，外文出版社，2017，第 276 页。
③ 习近平：《习近平谈治国理政》第 3 卷，外文出版社，2020，第 253 页。
④ 习近平：《习近平谈治国理政》，外文出版社，2014，第 158 页。

阿伦特的艾希曼

——恶的平庸性与无思的自我[*]

孙晓静[**]

【摘　要】　阿伦特因其《艾希曼在耶路撒冷——一份关于平庸的恶的报告》,常被质疑在为艾希曼辩护。在各种质疑中,以施汤内特最为典型。她从事实上质疑,考据真实的"艾希曼形象",使之与阿伦特刻画的"平庸的艾希曼"形象形成鲜明对比。而辩护者则从"艾希曼形象"所揭示的"恶的平庸性"的理论意义出发,给出回应。他们认为,阿伦特从"一个真实的艾希曼"中抽象出一个"艾希曼理论形象",以此来表明纳粹机制下参与者的大众行为准则,并触及到个体的现代性反思,这恰恰说明了阿伦特的洞见之处。本文在此基础上,回溯性地探讨了阿伦特"反思恶"的理论路径及其背后所揭示的"超越恶"的意图,以及在此过程中所暗含的内在张力。

【关键词】　"艾希曼形象";无思;现代性;恶的平庸性

阿伦特在为艾希曼辩护吗?这是一个老生常谈的问题。持"阿伦特为艾希曼辩护"立场观点的有两类人:一是犹太人团体,他们站在道德主义的

---

[*] 本文系北京市教委社科一般项目"政治宽恕在奥斯维辛之后的位置"(SM202210028013)的阶段性研究成果之一。
[**] 孙晓静,首都师范大学讲师,主要研究方向为政治哲学、马克思主义理论。

立场对阿伦特进行攻击，认为阿伦特背叛了犹太民族。二是部分学者团体，他们认为阿伦特为艾希曼进行辩护，这种辩护一方面是对艾希曼形象误导性地刻画，使人们将注意力更多地关注到现代性中个体的"平庸无思"，而忽视了艾希曼的自主性。另一方面，结合阿伦特与海德格尔的情感关系，认为阿伦特通过为艾希曼辩护实则是为海德格尔辩护。与这一立场针锋相对的是"阿伦特没有为艾希曼辩护"的立场。他们声称，即使"艾希曼的形象并不真实"，这也不能表明阿伦特描述的"艾希曼理论形象"并不存在。反而说明了阿伦特的洞见之处，即从艾希曼在法庭中表现出的虚假形象中，抽象出纳粹机制下参与者的大众行为准则；更深远的意义在于其背后的"恶的平庸性"[①]的探讨。本文重点关注施汤内特从学理上给出的质疑，及学者们由此而来的辩护。在此基础上，回溯性地讨论阿伦特对"恶"的反思。

一 "艾希曼形象"及其质疑

在1961年以前，阿伦特对艾希曼这类人知之甚少，但她却极为关注这一事件，这也是为何她毛遂自荐要去耶路撒冷聆听审判的原因。她在给洛克菲勒财团的信中说道："我想让你们知道，我为什么想报道这次审判。因为我未曾见到纽伦堡审判，我未曾见过活生生的这种人类。这次恐怕对我来说，是唯一的机会。"[②] 耶路撒冷审判也的确成为阿伦特认识艾希曼的关键点。

艾希曼在耶路撒冷审判过程中呈现出来的形象，对阿伦特产生了直观视觉冲击。她基于耶路撒冷当局交给媒体的材料，"1. 警方的审讯笔录……2. 控方提交的档案以及检控官允许公开的法律材料。3. 原本由辩护方提供的来自辩方证人的十六份口供……4. 最后我还得到了一份艾希曼的七十页手写稿……"[③]，给出自己对艾希曼的判断。她认为，艾希曼是这样一种

---

① "The Banality of Evil"为人熟知的翻译为"平庸之恶"。但就英文翻译规范和作者的原意而言，译为"恶的平庸性"更为贴切。因此，本文除引用他人文献之外，都统一使用"恶的平庸性"。
② 〔美〕汉娜·阿伦特等：《〈耶路撒冷的艾希曼〉：伦理的现代困境》，孙传钊编，吉林人民出版社，2003，第67页。
③ 〔美〕汉娜·阿伦特：《艾希曼在耶路撒冷——一份关于平庸的恶的报告》，安妮译，译林出版社，2017，第4页，德文版前言。

人，他"既不阴险奸刁，也不凶横，而且也不是理查德三世那样决心'摆出一种恶人的相道来'。恐怕除了对自己的晋升非常热心外，没有其他任何的动机"①。阿伦特写道：艾希曼唯唯诺诺、普普通通，"一点也不粗野"②，甚至有些胆小。每次回答法官及指控时，都不忘用敬语，显得彬彬有礼，淋漓尽致地阐释了"平庸"一词。这与阿伦特意料之中的艾希曼形象严重不符，她无论如何也想象不出一个如此平凡普通的人竟能做出魔鬼般的恶行。

阿伦特认为艾希曼是平庸的、无思的。这种判断既源于她的感官感受，也源于加深她对艾希曼认知的庭审及庭审相关的材料。她认为，艾希曼既不思考某一行为是否应该做出，也不思考某一行为所导致的结果，混混沌沌跟从他人的命令、行动而行动。他没有"作恶动机"，只是简单地为自己的职位晋升而执行屠杀命令，如同他自己所辩护的，他仅仅是整个纳粹政权机器运转下的一个零件，并没有"非置犹太人于死地"的作恶动机。

阿伦特对艾希曼形象的认知几乎全部来源于庭审，并没有对艾希曼庭审背后的真实形象进行考证。针对这一致命缺陷，学者们提出疑虑。有学者指出，艾希曼在庭审中的表现仅仅是表演，意在尽可能地弱化他在"最终解决"中的作用，为自己的行为辩护。持此种观点的主要学者是施汤内特③（B. Stangneth），她在新书《耶路撒冷之前的艾希曼：平庸面具下的大屠杀刽子手》中说，"艾希曼真正为人所知并得到详细描述的角色，却只有他在耶路撒冷登场的那一次。其背后的意图显而易见：他打算保住一命，并为自己的行为辩解"④。很遗憾的是，由于人们迫切地想要从艾希曼那里获得更多的信息，而使得人们对信息的甄别变得不严谨。她接着说，阿伦特反复阅读艾希曼审判的文字记录及听证会记录（施汤内特认为这是阿伦特

---

① 〔美〕汉娜·阿伦特等：《〈耶路撒冷的艾希曼〉：伦理的现代困境》，孙传钊编，吉林人民出版社，2003，第54页。
② 〔美〕汉娜·阿伦特等：《〈耶路撒冷的艾希曼〉：伦理的现代困境》，孙传钊编，吉林人民出版社，2003，第68页。
③ 也被译作"斯坦尼斯"。
④ 〔德〕贝蒂娜·施汤内特：《耶路撒冷之前的艾希曼：平庸面具下的大屠杀刽子手》，周全译，北京日报出版社，2020，第5页。

熟悉的理解方法），但不巧的是，正因为阿伦特采用的理解方法的问题，而落入了艾希曼设下的圈套：耶路撒冷的艾希曼仅仅是一个面具而已①。相对于阿伦特的"误入泥潭"，莱斯（审讯艾希曼的以色列的阿皮奈尔·莱斯大尉）似乎更具"火眼金睛"，"莱斯看穿艾希曼为自己辩解表现了演技，企图装成一个可笑可怜的丑角蒙混过关。可惜，以色列司法当局不吃这一套，艾希曼没有成为影帝，没能逃脱一死的命运"②。

通过艾希曼的履历，我们发现艾希曼是一个狂热的纳粹分子，以积极主动的姿态参与了屠杀犹太人行动。"艾希曼于1932年参加纳粹党和党卫军组织，1934年加入纳粹党情报部门，具体负责'犹太问题'。纳粹上台后，随即开始迫害、驱逐犹太人。1937年，艾希曼还曾远赴中东，实地考察将德国犹太人迁往巴勒斯坦的可能性。1938年，纳粹吞并奥地利以后，艾希曼负责驱逐、外迁当地的犹太人。1939年，艾希曼又负责驱逐外迁捷克的犹太人。1939年12月起，艾希曼开始担任帝国安全总局盖世太保四局下属的犹太事务处处长。从1941年起，艾希曼全面负责将德意志帝国及其占领区的犹太人迁往犹太人定居点、集中营及灭绝营。1942年初，纳粹在柏林万湖召开会议，讨论了'最终解决'犹太人的问题，会议纪要就是由艾希曼执笔的，这是迄今为止研究纳粹屠犹最重要的历史证据之一。1944年，艾希曼又组织了灭绝匈牙利犹太人的活动。"③ 从这一系列的职位变迁及主要工作来说，艾希曼做的事情远远超出了"平庸"一词。纳粹战败以后，艾希曼隐匿在阿根廷。"作为一个真正的纳粹理论家，艾希曼……把最终的解决方案描绘成德国在对抗致命的犹太威胁种族斗争中的合法自卫。如果有1 030万犹太人被杀，他会感到非常满意，但即便如此，他也没有遗憾，因为他已经'履行'了他的'对我们的血液和我们的人民的责任'。"④ 通过这些新的证据勾画出艾希曼真实的形象：

---

① 〔德〕贝蒂娜·施汤内特：《耶路撒冷之前的艾希曼：平庸面具下的大屠杀刽子手》，周全译，北京日报出版社，2020，第12页。
② 孙传钊：《艾希曼真是"平庸的恶"吗？》，《读书》2014年第2期。
③ 张君荣（整理）：《平庸之恶：对显而易见的恶行却熟视无睹——阿伦特和斯坦巴斯对纳粹之恶的反思》，《中国社会科学报》2014年12月2日。
④ Ch. Browning, *Eichmann before Jerusalem: The Unexamined Life of a Mass Murderer* by B. Stangneth (review), *Genocide Studies International*, 2015, 9 (2).

"1. 艾希曼有抽象思维的能力，他确实参与其中。他如此投入，为自己建立了一种独特的国家社会主义范式，这种范式与阿尔弗雷德·罗森伯格提出的'官方的'意识形态稍有不一致；2. 艾希曼扬弃了康德的思想，以此作为他自己纳粹变体的世界观，因为他将康德的哲学视为'国际的'和不充分的德语；3. 在战争期间，他不是一个'小齿轮'，而是死亡机器的关键部分，他推动的结果比其他齿轮更血腥；4. 他行为背后的动机可能来自他性格中不那么理智的部分；5. 战争结束后，他成为阿根廷前帝国官员的一分子，他们以秘密的方式努力塑造世界对当时刚刚发生的这场战争的看法；6. 在某些方面，他们的努力取得了成功。"①

施汤内特的工作为呈现一个真实的艾希曼做出了标志性的贡献，这表明艾希曼"不是一个平庸的官僚，而是主动、积极、自觉地参与，而且影响了纳粹的种族灭绝过程"②，他一点也不平庸。

二 "艾希曼形象"及其辩护

就艾希曼形象是否真实而言，施汤内特的质疑是恰当且十分有力的。然而，这种质疑是否能够击溃阿伦特借由"艾希曼形象"阐发的理论，还有待考证。伴随着施汤内特对艾希曼真实形象的质疑，辩护方声称：尽管艾希曼的真实形象并不符合阿伦特的描述，但这并不表明阿伦特描述的艾希曼理论形象并不存在。他们甚至认为，从"一个真实的艾希曼"中抽象出来的"虚假的艾希曼形象"，来表明纳粹机制下参与者的大众行为准则，这恰恰说明了阿伦特的洞见之处。

这一"虚假的艾希曼形象"折射出的是对整个现代性处境下个体的人的描述，其"理论意义远超越对艾希曼个人人品的考察"③。近几年随着《过去与未来之间》《〈耶路撒冷的艾希曼〉：伦理的现代困境》《康德政治哲

---

① Ch. C. Faille, *Eichmann before Jerusalem: The Unexamined Life of a Mass Murderer* by B. Stangneth (rewiew), *The Federal Lawyer*, 2015.
② 陈菁霞（整理）:《艾希曼并非"平庸之恶"的典型——刘擎谈阿伦特的失误》,《中华读书报》2014年7月2日。
③ 张君荣（整理）:《平庸之恶：对显而易见的恶行却熟视无睹——阿伦特和斯坦尼斯对纳粹之恶的反思》,《中国社会科学报》2014年12月2日。

学讲稿》《反抗"平庸之恶"》《艾希曼在耶路撒冷——一份关于平庸的恶的报告》的出版,对阿伦特后期所关注的个体现代性的思考越来越多。"现代社会的个人变得更孤独,我们不满于一种没有意义的或意义肤浅的方式'在一起',在这种不满中,如果有一个具有蛊惑魅力的思想理念,就会打动你,让你以为会让你升华为一个大写的全新的自我。……现代之后一切按照某种制度办事,是很多人振振有词的口头禅。这样的社会很容易被一种具有审美意义的意识形态所鼓动。"① 从而使人"常常对目的不假思索,却为手段绞尽脑汁"②。"斯坦尼斯对耶路撒冷之前的艾希曼的考察,让我们更为全面地了解到艾希曼这个人,从而帮助我们在理解'平庸'时不那么极端地将其理解为'呆若木鸡'的'活死人'形象。阿伦特通过对审判中的艾希曼的观察,提出了平庸之恶这一概念,它所概述的现象实际上超出了艾希曼本人,而是对整个现代性处境的一个描述。我们今天还在为这一概念争讼不已,已然说明了阿伦特研究的意义。"③

而"艾希曼形象"背后所揭示的"恶之平庸性"理论以及连带的道德危机,更是意义深远。恰如乐小军所说,"艾希曼不仅是纳粹机器中的一个常人,而且也是现代社会中大众的一个缩影。在二十世纪,不能思想和恶的平庸性的共谋向我们昭示的是艾希曼离我们并不遥远,他像幽灵似的徘徊在我们的周围"④。也或许,如刘文瑾所说,阿伦特用"根本恶"与"恶的平庸性"悲剧性地揭示出了"人的限度"的问题,意图通过唤起政治精神和个体道德责任来抵制行动者的"过度"。"恶的平庸性"的意图就在于观照"现代社会非政治化和功能主义化造成的道德盲视"与"'无思'造成的道德个人主义或道德自欺"的互动,进一步追问"这种集体道德崩溃如何发生,如何离不开每个普通人甚至受害者本人在其中的独特'贡

---

① 刘擎,张念:《"阿伦特的失误":见解和真相之间,有时存在着一个裂缝》,《文汇报》2014 年 8 月 11 日。
② 陈高华:《根本恶的平庸——论阿伦特关于恶的思想》,《清华西方哲学研究》2017 年第 3 期。
③ 张君荣(整理):《平庸之恶:对显而易见的恶行却熟视无睹——阿伦特和斯坦尼斯对纳粹之恶的反思》,《中国社会科学报》2014 年 12 月 2 日。
④ 乐小军:《现代社会的"恶"与现代人的"不思想"——阿伦特伦理思想研究之一》,《江苏社会科学》2008 年第 2 期。

献'……"① 普通人丧失了思考的能力，根本意识不到自己行为的严重后果，无法为自己的行为负责。这是现代个体责任感的缺席与道德自欺，关注现代个体的道德沦丧与灵魂危机，正是阿伦特的洞察力所在。"恶之平庸性"的概念触及到对个体道德现代性的批判，所以，"恶之平庸性"并不是单纯地说恶是平庸的。它更深的意义在于阿伦特敏锐地从艾希曼"平庸"的特性中发现了现代社会人的常态生活的弊端——"遵守规则无思考的生活"，而且这种规则并不与日常生活经验中的道德规则紧密相关，它更倾向于是现代人行为的圭臬，不加思考便严格奉行。我们不得不反思，一方面现代化生产要求人们按照规则行动，为了使规则发挥最大效力，要求人以无思考的行动参与生产，以保证社会的和谐高效运行。无思考的生活是现代社会大部分平常人的常态生活，基于传统的断裂，人没入了现代性弊端中，无法自拔。另一方面，我们按照规则行动，无思并服从整体，但这样做之后却是普通人在不知不觉中酿下灾难性苦果。

战后，米尔格兰姆实验和斯坦福监狱实验也从旁对阿伦特的观点进行了辩护。战后哈佛大学斯坦莱·米尔格兰姆曾做了一个关于"老师"和"学生"的实验，来探讨权威体系中服从的两难困境。通过实验，他得出以下结论："阿伦特的'恶的平庸'的观点，比人们想象的要更加接近真理。"② "如果认为服从权威的人是实证违背良心制约的行为，他们失去了道德的感觉，这是不正确的，而是他们的道德的感觉集中于根本不同的地方。与其说他们对自己行为丧失道德感觉，倒是他们的道德关心所在：如何顺利地实施权威对自己期待的任务。战争中士兵不考虑自己轰炸村庄这任务实施是善还是恶的问题，不感觉破坏村落行为是一种耻辱或罪恶，只是对能否完成上级交给自己的任务感到自豪或羞耻。"③ 米尔格兰姆实验仍然能够从事实上给出回击，类似的实验还有斯坦福监狱实验。

后退一步，我们承认施汤内特的工作对阿伦特的庭审叙述构成了对抗，

---

① 刘文瑾：《阿伦特与恶的现代性悖论》，《现代哲学》2018年第4期。
② 〔美〕汉娜·阿伦特等：《〈耶路撒冷的艾希曼〉：伦理的现代困境》，孙传钊编，吉林人民出版社，2003，第194页。
③ 〔美〕汉娜·阿伦特等：《〈耶路撒冷的艾希曼〉：伦理的现代困境》，孙传钊编，吉林人民出版社，2003，第196页。

但这也并不足以构成对阿伦特"恶之平庸"主张的摧毁。因为阿伦特关注的，是纳粹时期德国一般人在无意识之中参与了作恶这样一个尴尬事实，以及在战后德国普通人对于二战行为避而不议，或以退缩、沉默、嘟嘟囔囔表达辩解等，这种情况是经历了二战的普通德国人的普遍状态。单就艾希曼来说，也许证据可以表明他是在狡辩和表演，但是在性质上，他质疑审判过程的公正性和审判结果的公正性，这一点却是可以独立于具体事实而单独成立的。（这是一个深刻的法学的问题，而阿伦特所质疑到的各方又碰巧在这个问题上实质性地存在着缺陷。）

此时，我们再回溯性看阿伦特的理论路径，我们发现，伴随着"恶的平庸性"而来的，还有她对"根本恶"的系统反思。1961年在耶路撒冷的审判，艾希曼给阿伦特造成巨大冲击，使她对整个西方传统下的"恶"思想展开系统的反思，甚至她在《噩梦与逃亡》（*Nightmare and Flight*）中断言："如同死亡是战后的基本问题一样，恶的问题将是二战后欧洲知识分子生活的基本问题。"[①]

阿伦特对恶的理解有一个从"根本恶"向"极端恶"和"恶的平庸性"的转变过程。通过聆听艾希曼的审判，阿伦特发现，基于康德意义上的"根本恶"这个概念无法解释纳粹政权下行凶的个人。她开始对"Radical Evil"的含义的使用进行修正，转而开始使用"恶的平庸性"这一概念，从而对1951年《极权主义的起源》中提出的"Radical Evil"的内涵进行彻底地清算和修正。早年，阿伦特用"根本恶"来解释纳粹罪行。她指出纳粹通过三个步骤使人成为多余，"取消人的法律人格（Juridical Person in Man）"[②]"摧毁人身上的道德人格（Moral Person in Man）"[③] 抹杀"人的差异性和他的独特性"[④]。这种"根本恶（Radical Evil）是绝对的恶，因为它将恶推向了绝对地极端；集中营的受难者并不是被当作个人来

---

① H. Arendt, *Essays in Understanding 1930 – 1954*, Harcourt, 1994, p. 134.
② 〔美〕汉娜·阿伦特：《极权主义的起源》，林骧华译，生活·读书·新知三联书店，2008，第559页。
③ 〔美〕汉娜·阿伦特：《极权主义的起源》，林骧华译，生活·读书·新知三联书店，2008，第563页。
④ 〔美〕汉娜·阿伦特：《极权主义的起源》，林骧华译，生活·读书·新知三联书店，2008，第565页。

对待，也甚至不是当作能获得某种特定结果的事物或手段，而是当作内在地无价值的、彻底无用的，因而是完全多余的"①。而在耶路撒冷审判之后，阿伦特开始使用"极端恶"和"恶的平庸性"概念。在1964年与肖勒姆的通信中，阿伦特直言了她这一概念使用上的转变："你说得很对：我改变了想法，不再谈论'根本恶'……事实上，我现在的看法是，恶从来不是'根本的'，也就是说它仅仅是极端的，既没有深度也没有丝毫恶魔的维度。恶可以蔓衍生长并使整个世界一片荒芜，因为它就像细菌一样在表面扩散。正如我曾经说过的那样，恶是'违抗思想'的，因为思想试图达到某种深度，刨根问底，而当思想开始考虑恶的问题，它便要遇到挫败，因为那里什么都没有。这就是恶的'平庸性'"②。在1965—1966年的小文中，阿伦特再次肯定"最大的恶不是根本的，它没有根基"③。

伯恩斯坦在《根本恶》一书的前言中总结了这样一种改变的思想史意义："我同意汉娜·阿伦特、汉斯·约纳斯和伊曼努尔·列维纳斯（及其他诸人，包括西奥多·阿多诺）等人的观点：奥斯维辛标志着与传统的断裂及对传统的破坏，'奥斯维辛之后'，我们必须重新思考恶的意义与人的责任。"④ 的确，艾希曼形象是否真实，重要吗？重要！但当其与这一形象背后所揭示的"恶的平庸性"及对恶的系统反思相参照时，这种真实性又显得不那么重要了。

三 积极思考的"艾希曼"及其反思

在"艾希曼形象"和"恶的平庸性"思考的背后，还潜藏着阿伦特对积极思考的"艾希曼"的憧憬。阿伦特的"奥斯维辛时刻"过于沉重，以至于反思恶与超越恶，成了她晚年思想的主旋律。

---

① P. Formosa, Is radical evil banal? Is banal evil radical? *Philosophy & Social Criticism*, 2007, 33（6）.
② 〔美〕理查德·J. 伯恩斯坦:《根本恶》，王钦、朱康译，译林出版社，2015，第265—266页。
③ 〔美〕汉娜·阿伦特:《反抗"平庸之恶"》，陈联营译，上海人民出版社，2014，第110页。
④ 〔美〕理查德·J. 伯恩斯坦:《根本恶》，王钦、朱康译，译林出版社，2015，导论第4—5页。

阿伦特独特的"奥斯维辛时刻"迫使她重新审查对恶的已有思考。阿伦特曾在高斯的采访中承认,在逃离纳粹德国的过程中,她甚至觉得有些好玩。然而,当1943年,她真正得知"奥斯维辛事件"真相的时候,她彻底震惊了。她反复地对自己说:"这本不应该发生。"① 她最后总结说:"有些东西完全不一样了。就我个人而言,我可以接受任何别的东西了。"② 相对于其后发生的一切,1933年发生了什么已经不重要。这个让阿伦特真正洞悉"奥斯维辛"真相的那一刻才是阿伦特真正的"奥斯维辛时刻"。自"奥斯维辛"真相被我们洞悉的那一刻起,整个世界彻底地变了。"许多人都相信,20世纪所见证的恶,超过了过去的历史所记载的一切事情。"③ "我们——至少我们中间那些年纪大些的人们——已见证了20世纪30、40年代在公共和私人生活中所有既定的道德准则的全面崩溃"④,"那时道德就仿佛突然以它这个词语的源初意义显现为一套习俗(Mores),即习惯和风俗,它能够像改变一个人或一个民族的餐桌礼仪那样轻易地被改换。令人恐惧而震惊的是,我们用以指示这些东西的那些词语本身——源于拉丁语的'道德'和源于希腊语的'伦理'——突然之间,不过意味着一些约定和习惯"。⑤ 道德准则不再是指导人们行为的规范性参考,似乎任何一个人、一件事就能够抹除它、摧毁它,并无须参考任何的规则指令就重新建构它。

但是,追踪1965年至逝世前阿伦特的精神生活三部曲,我们发现,阿伦特在反思"恶的平庸性"和"艾希曼形象"时,还树立了一个理想的行动者标杆,即每个健全的人都能自如运用其"思考"的能力,以之实现对"恶的平庸性"的克服。阿伦特晚年致力于研究思维与人的道德、辨别是非的能力之间的关系,她期望通过促进人们思维(动词)来达到掌握辨别是非的关键能力。思,成了她理论中克服"恶的平庸性"的关键点。阿伦特

---

① H. Arendt, *Essays in Understanding 1930–1954*, Harcourt, 1994, p.14.
② H. Arendt, *Essays in Understanding 1930–1954*, Harcourt, 1994, p.14.
③ 〔美〕理查德·J. 伯恩斯坦:《根本恶》,王钦、朱康译,译林出版社,2015,前言第1页。
④ 〔美〕汉娜·阿伦特:《反抗"平庸之恶"》,陈联营译,上海人民出版社,2014,第76页。
⑤ 〔美〕汉娜·阿伦特:《反抗"平庸之恶"》,陈联营译,上海人民出版社,2014,第74页。

关于人的道德的反思，将我们从康德式脱离现实的道德规范与律令中拉回现实生活，关注个体做决定的思维历程，追问免于作恶的途径。她在《思维》中写道：思维活动"是否就是避免人作恶，或者在实际上'决定'我们与罪恶行为作斗争的条件？"① 并指出"如果区分正确和错误的能力被证明与思维能力有关，那么我们必然能'要求'每一个健全的人运用这种思维能力，不管他是博学的还是没有学识的，聪明的还是愚笨的。"② 通过要求我们健全地使用这种思维能力，从而避免作恶。这里阿伦特传达她对现代性弊端的诊断，即现代性的最大弊端在于让人变得无思！人之所以犯错，是因为他没有积极活跃地运用自己的理智与能力。这也暗含了她对个体道德现代性弊端的解决方案，即如果一个人积极活跃地思考，就可以避免稀里糊涂作恶。

然而，阿伦特对现代性弊端的诊断就是对的吗？在她看来，一个人积极活跃地思考，就可以避免作恶。但共和主义"人要相互成人"在某种程度上也是"恶的平庸性"得以可能的温床。我们结合阿伦特早期的思考，即基督教的超越传统与个人主义的自由主义都无法反思奥斯维辛、避免奥斯维辛，我们只能选择共和主义，主张积极参与公共事务，在政治领域塑造人格。站在舞台中央，展示自己，彰显自己，言说自己。在这种复数性空间内，人才得以成人。这与其现代性反思的解决方案一致。但是，我们再回想一下，她晚近反思的恶的平庸性是如何而来的呢？它是否也是源于人过于融入政治生活——偏执地想要获取上级认可，甚至不顾个体良心的不安及政治行为的后果——的副作用呢？在笔者看来，至少，人扎根立足于世，政治生活是，且只能是其美好生活的一部分。个人到底应该如何在现代社会中站立，仍然值得商榷。

即便阿伦特的诊断是对的，无思考造成了人们作恶，且构成了现代性的最大弊端，那么她的解决方案即积极活跃地运用自己的理智就能使人免于作恶吗？这一问题促使我们进一步反过来质疑她关于现代性问题的诊断，"无思考"地服从现代纪律难道真的仅仅是现代性的弊端吗？会不会存在着

---

① 〔美〕汉娜·阿伦特：《精神生活·思维》，姜志辉译，江苏教育出版社，2006，第3—4页。
② 〔美〕汉娜·阿伦特：《精神生活·思维》，姜志辉译，江苏教育出版社，2006，第12—13页。

更为复杂的理解可能？比如说，会不会是说人类合群行为本身就决定了大部分人将"无思考"地服从纪律？或者说，这会不会恰好是人类合群行为的正常特征？推而广之，社会化运动加剧了个人，尤其是资本主义社会中的个人的原子化特质：单个的个体无力面对经济上的社会化大生产，沦为生产流水线上单个行为的重复者；无力面对政治权力，人人参与公共事务的热情与处理公共事务的能力之间存在张力，公民的政治参与性与国家、社会所要求的政治稳定及和谐理想之间存在张力；无力面对大众消费性文化的泛滥，大众文化的娱乐性消耗了大量的自由时间，而所有的消费唾手可得，人又缺乏闲暇去充盈自身。这一复杂的环境使整个社会满目皆是"无思考"的个人。那么，无思考的生活是大部分平常人的常态生活，而阿伦特要求的积极活跃地运用自己的理智的生活恰恰是例外状态、反常状态呢？

在阿伦特看来，其作为政治之基础的"人的复数特性"，尤为重要。"正如不存在人类本身而只存在男人和女人一样，处于绝对差异之中的男人和女人才是相同的，才被称为人。因此这里所共享的人类相同性是平等，而这种平等反过来也只有在平等者之间绝对的差异性中才能展示出来。"① 尽管她认为"差异和平等是政治体的两大基本要素"②，但她也不免落入俗套，试图去构建一种理想的"人"的姿态，或者更准确地说，是理想的"政治空间的行动者"的姿态。这在某种程度上沦为传统形而上学"同一性（Sameness）""一元论"，而与其政治体的基础"差异"相悖。

阿伦特试图建立每个人都积极地"站立在公共舞台上展示自己"的政治空间。她回到古希腊传统，去寻找城邦国家的现代路径，期望建立以"承诺"为基础的共同体。以"承诺"为基础的契约不同于以"同意（Consent）"为基础的契约，它建立在"他人在场"的人之复数性基础之上。阿伦特对"艾希曼形象"的刻画和关注，似乎在尝试性地将她崇尚的公共空间中的"人的复数性"实地运用，尽管其短板也显而易见，缺失了私人领域中艾希曼形象的支撑，以至于遭到施汤内特的猛烈一击，但其意

---

① 〔美〕汉娜·阿伦特：《政治的应许》，张琳译，上海人民出版社，2016，第66页。
② 〔美〕汉娜·阿伦特：《政治的应许》，张琳译，上海人民出版社，2016，第66页。

义也不容忽视。至少,她敞开了一种新的维度,使我们对政治哲学的古老问题——我们应该如何生活(How Should We Live)——展开了更加持续、开放和生动的探讨。

【执行编辑:赵柯】

价值实践问题研究

Research on Value Practice

关于区块链技术的价值反思

孙　妍[*]

【摘　要】　资产数据化是数字时代里新的资本符号，区块链技术以去中心化的特点应运而生，并推进资本以数据形式展现。区块链技术破除了中介拷贝数据的威胁，在确保数据安全性的同时，有利于建立可信任的数据资产交易环境。但随着区块链的过热发展，也出现一系列现实问题，如监管缺失和个人隐私泄露等。因此，只有规范使用区块链技术、确立区块链技术应用的价值边界、加强数据安全把控与完善人才培养等一系列措施多管齐下，才能推动区块链技术价值新秩序的构建，让区块链技术更好地服务于人。

【关键词】　区块链；技术；数据；价值；资本

区块链自 2008 年问世以来，就一直保持其神秘色彩。区块链结构因 2009 年初上线的比特币开源项目而备受瞩目。区块链是比特币的一个重要概念，其特点是"去中心化"，并"能够通过'加密证明'来代替信任，因此不再需要任何可信第三方，交易双方直接可以进行可信交易"[①]。开拓式的交易模式更是让区块链技术饱受争议。那么区块链技术和数据资本有什么关系？如何让区块链技术更好地保护公民隐私并服务社会？如何应对区

---

[*]　孙妍，首都师范大学哲学系博士后。
[①]　陈鹏：《区块链的本质与哲学意蕴》，《科学与社会》2020 年第 3 期。

块链技术带来的机遇与挑战？区块链技术带给我们什么样的价值思考？本文将针对以上问题的思考而展开。

一 从数据资本到"区块链"技术的现实演进

马克思在《资本论》中详细论述了货币是如何转化为资本的，货币本身只是个符号，但是作为商品用来流通的工具，被赋予特殊价值，成了"商品流通的最后产物"，也是"资本的最初的表现形式"。在货币的流通过程中，买入和卖出对应的是商品，因此货币具有使用价值，是商品的"一般存在方式"。资本家在对商品进行买入和卖出间赚取价格差，就是商品本身转化成资本的具体体现，货币充当一切交易得以实施的媒介，货币不仅可以购买商品，也可以购买劳动力，去创造更多价值。因此，货币具有资本属性，但货币本身不是资本。

曾任央行数字货币研究所筹备组组长的姚前表示，中央银行发行的数字货币目前主要是替代实物现金，降低传统纸币发行、流通的成本，提升经济交易活动的便利性和透明度。2016 年，德意志银行联合首席执行官约翰·克赖恩在达沃斯预测，"十年后现金（纸币）很可能将不存在"[①]。数字时代，我们面对一种新的资本符号——数字资本，即资产的数字化。随着互联网技术产业化，数字资本开启，谁拥有了大数据，谁就拥有了数字资本。那么，数字资本是如何运作、如何转化为资本的呢？传统人类社会依靠土地、设备、劳动力创造财富的模式因资源的有限性而受到制约；而数字空间的无限可扩展性、无限可复制性、多维可塑造性，可能意味着蕴藏在这里面的待开发的海量财富，这些新财富的表现形式就是数字资本。数字资本的本质是由数字算法驱动的，算法是由数据支撑的，而数据是数字经济的资源核心和生产资料。只有当企业或个人享有一定的资源，并成功将资源转化为数据并利用数据实现增值时，数据资源才能成功转化为数据资产。挖掘出数据资产的可变现属性从而将其数据价值体现出来的过程，称为"数据资产化"，而数据资产的价值和使用价值的实现及其收益分配的

[①] 《央行释放重要信号　未来纸币可能消失?》，新闻网，http://news.sohu.com/20161117/n473456654.shtml。

过程就是数据变成资本的过程。

区块链结构首次被人关注，来源于 2009 年初上线的比特币开源项目。区块链是比特币的一个重要概念，本质上它是一个去中心化的分布式公共的账本数据库，同时作为比特币的底层技术，以个体对个体的方式，不需要第三方监管，直接进行虚拟货币之间的交易。区块链实际上是记账科技发展到分布式场景下的天然结果，在很多商业应用场景中具有潜在价值。区块链支持首个自带信任、防篡改的分布式记录系统——比特币网络。此外，从应用视角看，区块链技术会带来更通用的计算能力，包括以太坊和超级账本等。因此，区块链可以运用到多个场景中，如云存储、医疗、通信和社交以及投票甚至是预测中，具有安全高效、信息公开透明、不可篡改、全球联通、交易成本低等特点，具有极大的市场潜能。特别是"在一个区块链中，需要获得分布式共识。这种性质使得区块链非常适用于记录医疗数据，也非常适合记录类似于身份管理、交易处理、食品追溯和投票等管理行为"①。目前来看，区块链项目主要分为币类项目、平台类项目、应用类项目和资产代币化项目四类。第一，币类项目属于最早的区块链项目，有比特币和莱特币等热门项目，还有达世币、门罗币、大零币等项目，具有资产匿名的特点，可以实现在支付的同时保护双方隐私。币类作为区块链资产领域的"交换媒介"，用来标注物品间的价值，从而实现商品与商品之间的自由交换。币类的使用还可以实现使用者之间的匿名支付，保护双方隐私。目前全球的数字资产种类繁多，币类区块链项目数量不断增长。但截至 2018 年 8 月，市值最大的仍然是比特币。第二，平台类区块链项目主要是为建立技术平台提供技术支持，并满足各种区块链应用开发。开发者可以在平台类区块链应用中进行数字资产的发行、智能合约的设定等。智能合约就是在区块链数据库上运行的计算机程序，可以满足在其源代码设定条件下的自行执行。平台类区块链项目的主要功能是建立底层的技术平台，让开发者在底层技术平台上做应用开发。相当一部分平台尚处于开发状态当中。截至 2018 年 7 月，市值最大的是以太坊。第三，应用类项目就是基于区块链开发平台（例如以太坊）开发的能够解决实体经济各个领

---

① Investopedia. *Blockchain, Explained*. https://w.investopedia.com/terms/b/ blockchain.asp.

域诸多问题的区块链项目，利用区块链项目，可以更好地解决信任问题、跨国界流通等问题。同时，利用区块链上的智能合约和代币，可以更好地实现自动执行，大大提高社会经济活动的效率。应用类项目的范围比较广泛，涵盖金融、社交、游戏、产权保护等诸多领域。应用类项目也是目前区块链资产增长最快的领域。第四，资产代币化项目是指实物资产的区块链映射，也就是实物资产上链，目前不超过 10 个品种。比较典型的代表是对标美元的 USDT，对标黄金的 Digix Dao。Digix Dao 每个代币代表 1 克由伦敦金银市场协会认证的黄金，资产代币化具有方便交易、便于保管等优势。资产代币化更方便交易，因为区块链资产可以拆分，具有更好的流动性，更有利于实物资产的保存。

二 "区块链"技术带来的新机遇与新挑战

信息是数据的内涵，数据是信息的载体，数据是记录或表示信息的一种形式，信息可以从数据中提炼出来。人们对各种形式的数据进行收集、存储、加工和传播等一系列活动的总和称为数据处理。数据本身并没有意义，数据只有经过数据处理解释后才有意义，这就使得数据成为信息。数据的真正价值在于发现隐藏在数据背后的信息。信息的真正价值在于利用信息采取行动，产生效益。数据分析是通过将收集到的数据进行提炼，得到有效数据并观察分析隐藏在数据背后的信息的过程。数据分析技术，就是从各种类型的数据中快速获得有价值信息的技术。大数据时代，涌现出大量新的技术，它们为海量数据的采集、存储、处理和呈现提供有力支撑。区块链对于现有生产方式的挑战是巨大且深刻的，波及范围之广也是全方位的，数字货币的应用关乎人类的前途、命运和发展。人们对于区块链的盲目热度评估是有一定风险的，而风险意味着人的自我重构的开启。特别是热炒比特币等数字货币对于投入真金白银的买家来说存在难以估计的风险。火币作为数字投资全球化的交易平台 App，每天买入卖出达上亿元资金，对新手而言，所承担的风险远远大于股票，很多盲目跟投的新手损失惨重，并且由于区块链平台是人对人直接交易，并没有第三方参与中转，交易信息相对滞后，尚存在一些不完善的地方。因此如何确立不可逾越的主体意识，谨慎面对新事物则是人们该有的价值选择。

首先，区块链技术颠覆人们的认知，让数据以资本形式展现。区块链将更多数据解放出来，维护数据安全，并可以利用基因测序大数据的产生。区块链测序可以利用私人密钥设置访问权限，规避法律对个人获取基因数据的限制，利用分布式的计算资源，用低成本来完成测序服务。区块链具有的安全性特点使测序成为工业化的解决方案，将测序全球化，推进了数据的激增。区块链为私密数据的开放提供保障。政府数据开放是大势所趋，将对整个经济社会的发展产生不可估量的推动力。然而，政府掌握着大量高密度、高价值数据，如医疗数据、人口数据等。数据开放的主要难点和挑战是如何在保护隐私的情况下开放数据。基于区块链的数据脱敏技术能保证数据私密性，为隐私保护下的数据开放提供了解决方案。数据脱敏技术主要是采用了哈希处理等加密算法。如哈希处理技术可以让在校学生放心地开放可访问其成绩信息的途径，并可计算出全市甚至全省的平均成绩和学生的各项平均水平，每个学生可以知道自己在这个群里的相对位置和这个群里的平均成绩。但对任何其他同学的成绩则一无所知。此外，区块链技术还可以进行数据的存储与分析。由于区块链的不可篡改性，其特定的数据库技术通过网络中的所有节点共同参与计算，并相互验证其信息的真伪来达成全网共识。目前大数据技术还处于基础阶段，而区块链将以全网共识为基础，提升数据的真实性和质量，将数据库的发展推进到一个全新的时代。

其次，区块链确保数据安全性，数据价值的核心在于数据分析。但是很多案例表明，数据分析的时候会泄露个人隐私。"生活在智能社会中，一切都可能被当作大数据而被记录，记录可能详尽、细致到出人意料。"①2018年3月，很多平台被爆出对消费者进行"大数据杀熟"。此事件由一名网友爆料自己在某在线旅行平台预订酒店时，发现平台提供的价格远高于酒店前台价格，并且自己的高级会员账号显示的价格远高于朋友的低级会员价格，从而引发了是否被互联网公司利用大数据杀熟的疑问。根据记者的调查，发现这并不是偶然事件。不管是在在线平台订酒店还是机票甚至是电影票，平台根据收集到的每个人的不同数据，确定不同的价格，新号

---

① 孙伟平：《人工智能导致的伦理冲突与伦理规制》，《教学与研究》2018年第8期。

订的价格往往更便宜。商家在摸清楚消费者的消费习惯、支付意图,掌握了消费者愿意承受的价格之后,就利用大数据杀熟,针对每个用户制定价格,能够做到让用户觉察不出异样,但其实已经高于原有的价格。商家的最终目的是尽可能地侵占每个消费者的全部消费剩余,实现商家的垄断,但本质则是侵害了消费者权益。因此,在进行数据分析时,如何有效保护个人隐私和防止核心数据泄露,成为首要考虑的问题。比个人的消费数据更加敏感和令人担忧的是,伴随指纹数据分析的应用和基因数据检测与分析手段的普及,一旦个人健康数据发生泄露,后果将不堪设想。区块链技术可以通过多签名私钥、加密技术、安全多方计算技术来防止这类情况的出现。当数据被哈希处理后放置在区块链上,使用数字签名技术,就能让那些获得授权的人们对数据进行访问。通过私钥既保证数据私密性,又可以共享给授权研究机构。数据统一存储在去中心化的区块链上,在不访问原始数据情况下进行数据分析,既可以对数据的私密性进行保护,又可以安全地提供给全球科研机构、医生共享,作为全人类的基础健康数据库,对未来解决突发疾病、疑难疾病带来极大的便利。此外,对于个人或机构有价值的数据资产,可以利用区块链对其进行注册,交易记录是全网认可的、透明的、可追溯的,明确了大数据资产来源、所有权、使用权和流通路径,对数据资产交易具有很大价值。

再次,区块链能够破除中介拷贝数据威胁,有利于建立可信任的数据资产交易环境,但同时也面临监管难题。数据是一种非常特殊的商品,与普通商品有着本质区别,主要是具有所有权不清晰、"看过、复制即被拥有"等特征,这也决定了使用传统商品中介的交易方式无法满足数据的共享、交换和交易。因为中介中心有条件、有能力复制和保存所有流经的数据,这对数据生产者极不公平。这种威胁仅仅依靠承诺是无法消除的,而这种威胁的存在也成为阻碍数据流通的巨大障碍。基于去中心化的区块链,一方面,能够破除中介中心拷贝数据的威胁,保障数据拥有者的合法权益;另一方面,区块链提供了可追溯路径,能有效破解数据确权难题。区块链通过网络中多个参与计算的节点来共同参与数据的计算和记录,并且互相验证其信息的有效性,既可以进行信息防伪,又提供了可追溯路径。把各个区块的交易信息串起来,就形成了完整的交易明细清单,每笔交易来龙去脉非常清晰、透明。另外，当人们对某个区块的"值"有疑问时，可方便地回溯历史交易记录进而判别该值是否正确，识别出该值是否已被篡改或记录有误。

但是，区块链还有一些不容忽视的缺点。首先，虽然信息的公开与透明可以防止区块链交易的可监控和暗地操控，但这也意味着，如果得知一个人的个人账户，那就可以轻而易举看到他的财富值和交易详情，没有任何隐私，并且区块链上面的信息不可以修改，一旦转账信息填写错误，就将面临无法挽回的损失。区块链因为去中心化的特点使节点之间可以自证其信，却导致每个人都需要有一个完整的账本，并随着时间的推移，账本所占空间越来越大，处理的数据也越来越复杂，普通计算机可能难以驾驭。同时，去中心化意味着没有中心化机构替个人保存秘钥，一旦丢失则永远无法找回。其次，去中心化网络在每个节点之间达成一致的效率很低，很难像中心化支付方式那样快速。再次，"去中心化让比特币可以脱离监督，使比特币可以在所有需要逃脱监管的领域畅行无阻，这无疑实现了某种越界的交易自由"①。但这种没有了监管的自由将会带来更多的不自由和法律问题。

三　"区块链"技术对数据秩序构建的价值反思

（一）"规范性使用"——确立区块链技术的价值原则

区块链技术的规范性使用让人们的思想和行为具有边界意识，指导并约束着个人行为。万事万物的运行都有其内在的"逻各斯"，突破规范反其道而行必然引起反向作用。区块链的发展已经取得了一定的成果，并向着更大的范围更广泛的应用扩展，而区块链项目的发展在一定程度上已突破了原有的发展规律，要获得更大更理性的发展，则必然需要有所规训。任何的法规法则，都是用来指导或约束人的行为的。区块链是人们自觉自主链接起来的自由乐园，人们拥有权力的同时必然要牺牲一定的自由享受权。我们从人的需要来看，规章制度基于人的需要，规训人的行为，使其合目的并合规律。人的行为具有一定主观性却又不是任意的，并且这样的主观

---

① 喻佑斌：《论区块链在诚信社会建设中的作用》，《自然辩证法研究》2020年第1期。

性行为反映了来自客观社会的关系和活动,是一种客观实际。人的行为活动的自由度和这样的客观实际成正比。个人的能动性和创造性是在充分认识到历史必然性的基础上产生的。尽管不同的人在思想、知识、意识上存在差异,在素质、能力方面存在多样性,但社会历史总要发展,社会生活也要继续,不可能坐等每个成员都大幅度提高素质与能力、达到对历史必然性的认识之后,再采取统一行动。自由本身是人的一种需要,拥有自由是实现人的价值的一种高级表现形式。追求所需是公民的权力,也是社会道德、法律体系所包含的公共权力。从人的社会性和需要来看,每个人在社会中都有一定的和不同的需要。人的一生为自己的需要不断努力,以一定的方式付诸实现,社会也变得越来越人性化,为人的需要提供一定的现实依据。因此,区块链技术应该遵守一定的规章秩序。这样的规章法则既包含了应该做什么不该做什么,也包含了能够做什么和禁止做什么。尽管区块链技术的支持者对于区块链技术能独立运作,并且不受中心化的政府和金融机构的法律法规限制表示赞许,但不受监管的区块链技术必然向着非理性的方向发展。区块链技术要成为主流技术,则必须以某种形式的标准化和控制手段为前提。特别是对于币类的金融监管,加密货币是必然选择。虽然对特定的某种加密货币施加监管是非常难的,但是不难看出目前加密货币和区块链市场体系已然过剩,限制的好处自然显而易见。将区块链技术拓展到新的领域同样会招致新的法规或者同现行法律法规产生冲突。比如将区块链技术应用到追踪医疗记录,那么它将立刻受到很多国家不同法律法规的约束。主流媒体有观点称:"目前对区块链技术的关注度实际并不成熟,而这些不成熟度会带来很大压力。这也是为什么行业内有的开始暴露各种问题,有的表现得缺乏理智。对于那些完全没有专业技术知识的人们来说,他们需要一定的时间去彻底信任智能合约和区块链技术。"[1]

(二) 从"能够"到"应该"——划清区块链技术的价值边界

区块链能够为人做什么?区块链应该为人做什么?"能够"是一个事实域,"应该"是一种价值域。那么是不是能够做的事情就是应该做的,而不能

---

[1] 《冷静!区块链还有诸多现实问题亟待解决!》,http://www.sohu.com/a/228763885_100117963。

做的事情就是不应该做的呢？能够与应该之间存在三种逻辑："能够且应该做的""能够但不应该做的""能够且不应该但允许做的"。因此在区块链的实际应用中，我们需要根据具体的问题进行具体分析。如比特币的炒热，比特币的本质是依据一定算法计算和对比之后形成的有价值的数据。它跨过央行，用新的形式来发行虚拟的数字货币，这样的货币是货币的进化选择，但其风险也不容小觑。因此，把区块链技术放在互联网环境和实际的应用环境中去思考它的价值，比区块链技术本身更具有价值。那么如何正确处理区块链技术与人的关系，是我们当前以及不久的将来要面对的价值选择。

因此，确立不可逾越的网络主权意识是构建区块链技术新秩序的价值边界。虽然网络没有国界，但是网络应该拥有主权。我们应该"维护网络主权，推动网络安全的跨国合作，完善网络安全和信息化执法联动机制，建立打击网络犯罪国际合作机制"①。区块链与互联网相结合，更应该确定不可逾越的主权观，让网络从无价乱序走向有界有序。良好地利用区块链共识的技术属性，让区块链技术由普通区块链走向主权区块链，进一步推进网络空间的主权化。建立一个共治、共识、共享的数字空间统一体，让区块链项目在良好发展的同时，给数字空间秩序的构建带来新理念、新方式和新规则。

（三）人才储备与数据安全并行——推进区块链技术价值秩序的构建

首先，构建数据新秩序离不开真正的区块链人才。当前区块链过度火热的背后，既有着从业者对于未来互联网行业信息交互方式的追寻，也有数字货币火爆上涨的影响。于是，很多人渴望抓住机会快速致富，却忽视了区块链经济本身的风险。区块链技术方面的人才，从运营到技术再到产品，各个层面的人才都严重不足，特别是有能力独立从事区块链技术开发或有能力设计成熟稳定产品上线运营的人才更是稀缺。以美国为例，美国的区块链人才的平均年薪高于 25 万美元，国内的相对低一点，但也不会低太多，至少是远高于其他行业的。大量的区块链项目募集巨额资金也是导致区块链人才紧缺的另一个原因。等到产品落地，需要大量高质量人才，这些人才不仅要懂软件编程技术，熟悉运用 Java、C++，以及 Windows、

---

① 参见国家互联网信息办公室发布的《数字中国建设发展报告》（2017 年）。

Linux 等软件编程平台，还需要这样的人才精通密码学。作为新技术，并没有现成的人才。因此，要保障数据平台的良好运行，应尽快培养区块链技术开发人才，并做好人才储备，去搭建区块链的基础架构平台，建立有效的应用模式，推进数据秩序的构建。

其次，保障数据安全是构建数据新秩序的必然要求。安全的数据秩序有利于推进数字经济新形态的发展，推动人们走向更加先进的智能时代。对于区块链技术，应该推进构建数据安全的新秩序。我们应该建立网络监管中心来定期发布大数据安全指数，维护人民群众的技术专利权、数字产品版权以及保护个人隐私等方面的权益。同时，营造良好法治环境氛围，大数据安全指数共享，切实推进地方的数据安全。随着区块链的发展，更应该将侧重点放在区块链与大数据的安全、融合及发展方面。这不仅是确保未来的网络环境健康安全的重大举措，也是社会治理能力及信息化建设的必然要求。大数据安全是大数据以及区块链技术发展的必要前提和根本保障。

最后，相关部门应该推进完善相关立法，保障公民个人隐私，及时发现网络安全隐患，维护公众的信息安全等，对于利用区块链新技术进行系统入侵、诈骗等行为进行严厉打击。

结　语

纵观区块链的过热发展，其本质是着力于对互联网的重构，这样的"反叛"带有一定的彻底性和根本性的特点。"区块链将网络空间从信息网络转向价值网络，并进而推动网络空间与物理空间的融合，并交互塑造出一种新的意义空间。"[①] 当前，区块链技术的发展取得了阶段性的进步和成果，并引发了数字经济的新形态。然而，在目前形势下，随着区块链的异军突起，只有谨慎对待其发展过程中涉及的经济与伦理价值问题，才能推动区块链技术的发展和价值新秩序的构建。

【执行编辑：张响娜】

---

① 陈鹏：《区块链的本质与哲学意蕴》，《科学与社会》2020 年第 3 期。

从生存劳动到价值劳动的实践超越

——马克思人民劳动价值论的结构转型

王　轩*

【摘　要】　价值劳动是以"现实人的劳动安全"为根本指针，矫正、规训现实社会生存劳动安全危机，最终所指向马克思意义上的人类实践超越性诉求的卓越美好价值劳动自我治理、自我复归。现实人的劳动一定是精神生活健全的人的安全价值劳动，更是对资本化、生存化、物化劳动的结构转型。马克思劳动价值逻辑自我治理、自我复权、自我革新、自我创造体验和铸造的人之劳动安全性的文化价值实践机制创生，是人类个体化生命的集体性表验、达成的劳动安全治理革命，在现实人的劳动安全中实现价值劳动治理主体类型生成性的重塑。与此相应的是人类精神生活内在生存劳动实践跃牵进入人之安全价值劳动自我内证的结构转型，因此，现实人的劳动在"现实价值劳动主体权利与内在生命劳动权利"双重互动、多元互证中实现了马克思意义上的人民劳动价值论自我治理、自我创新发展与演进。

【关键词】　生存劳动；价值劳动；现实人的劳动

---

*　王轩，西北政法大学文化与价值哲学研究院教师、法学博士后流动站研究人员，主要研究方向为马克思主义价值哲学。

劳动是人类的本质活动，是对人类文明进步规律的时代诠释，是推动人类社会进步的根本力量。劳动不是抽象的结晶体，而是现实历史时代人民群众创造新生活、新时代的价值劳动实践。从生存劳动到价值劳动的实践超越是在立足新时代、进入新发展阶段这个战略判断的基础上，揭示新时代人民劳动活动及组织，反映劳动价值实现方式的不断变化，深层体现人民生存劳动的价值转化与文明实现。习近平总书记在庆祝中国共产党成立 100 周年大会上的重要讲话中指出："着力解决发展不平衡不充分问题和人民群众急难愁盼问题，推动人的全面发展、全体人民共同富裕取得更为明显的实质性进展！"① 习近平总书记从人的全面发展的价值高度诠释新时代人民群众急迫诉求，根本上构建起价值劳动出场的理论和实践逻辑，进而为新时代确立劳动价值主体，推动新时代价值劳动实践，攀登劳动精神新高地奠定了理论基础。

一 "劳动解放是人的治理函数"：马克思美好劳动价值论结构转型中现实人的劳动

现代社会劳动的价值根基深置于资本劳动式的生存化生活逻辑范式之内，马克思意义的自由自觉劳动即"现实的人的劳动"在物化的生存劳动话语中所遭遇的是文化价值实践结构意义的深层危机，日益分化的社会劳动结构使人类的价值劳动处于不同的劳动结构层面之上。马克思在《1844年经济学哲学手稿》中首次提出"人是对象性活动"这个命题本身就是对于人生存劳动与价值劳动内在限度的直接呈现，这个限度就是人面对的外部自然世界及人类世界。特别对于作为自然界的限度，马克思指出："没有自然界，没有感性的外部世界，工人什么也不能创造，自然界是工人的劳动得以实现、工人的劳动在其中活动、工人的劳动从中生产出和借以生产出自己的产品的材料。"② 自然界和人类世界对生存劳动和价值劳动内在构成方式的限制成为现代社会劳动解放的核心时代问题，其内在限制的方式可以表现为：一是在占有外部世界中否定自身；二是类本质丧失。作为劳动

---

① 习近平：《在庆祝中国共产党成立一百周年大会上的讲话》，《人民日报》2021 年 7 月 2 日。
② 《马克思恩格斯选集》第 1 卷，人民出版社，2012，第 52 页。

者的人被限定于劳动安全牢笼之中,"更大的安全性、更可靠的和更经常的闲暇"被资本逻辑设计进入一种缺失"人之本体性安全"的发展之途。早在资本主义社会发展原始积累阶段,马克思就论证过资本积累与工厂制度独占统治的普遍性导致工人身心受损害,"工人生产得越多,他能够消费的越少;他创造的价值越多,他自身没有价值、越低贱;工人产品越完美,工人自己越畸形"①。此种生存与发展的现实是劳动解放的最大瓶颈。马克思从异化劳动介入论证劳动者的地位及资本主义社会关系对人的本质的否定性结构,意在为历史性地介入社会化建制奠定基础,所呈现的"具体总体性"的规制要追寻的安全价值规范,就是"现实活动的人"之确立。知识与理性、生存与安全、发展与资本在资本主义大生产叙事逻辑中的日益过度张扬,现实的人被固化为工厂或生产关系结构中的单个抽象物,因此,马克思将人的本质定义为:"人的本质不是单个人所固有的抽象物,在其现实性上,它是一切社会关系的总和。"这样的表述更加证明马克思想从一种"具体总体性"维度去考察人,因为,此时马克思并没有掌握对人的本质更为科学的考虑方案。"精神健全人"的不断走向片面化、碎片化,使现代个体及精神生活表达丧失自身的伦理限度,"甚至是因为一种我们无法全部掌控的情形,而这一情形的主要特征刚好与一种占统治地位的社会形式相关"②。

社会性优先于个体性而存在,进一步加剧了个体对自身重新安排自己生活的社会存在状况的精神性自觉,同时现代个体有进行自我人格的深度调整,锻造社会化的人格精神机制塑形自身,期待在新的生存历史性场景中重新建构自身的"价值劳动主体"类型,这种自身的价值劳动能力展现是一种人性能力通达的自我调整。也因此,获得了改变自身命运的治理主体类型,即重掌自己的命运并采取积极自由行动的深层的劳动觉醒。自由地塑造精神生活就是一个多域转型中的主体创序,是一种积极面对现代社会的"纪律与规制"的社会他律规制,创造精神价值来调适"主体内化与主体偏向社会的外在形式"之间的紧张关系,达到马克思意义上的人的自由而全面发展。马克思确立的"改变世界的价值治理主体"是一种通过在

---

① 《马克思恩格斯选集》第 1 卷,人民出版社,2012,第 51 页。
② 〔英〕莱姆克等:《马克思与福柯》,陈元等译,华东师范大学出版社,2007,第 37 页。

社会、个体、自然等多域中自我主体自由选择来重新战略设计世界，通过重新规制、塑造世界来扬弃现存世界的不合理现实。所以，马克思说："这千万星球我要亲手破坏，因为它们不是由我创造出来，因为它们不听我的呼唤，却受魔力驱使旋转于天外。"① 马克思在1845年与恩格斯合写的《德意志意识形态》中的一段经典表述是："实际上和对实践的唯物主义者，即共产主义者来说，全部问题都在于使现存世界革命化，实际地反对和改变事物的现状。"② 此种改变世界的治理价值逻辑在马克思1845年春天写的《关于费尔巴哈的提纲》中作出鲜明的表达："以往哲学家只是用不同的方式解释世界，而问题在于改变世界。"③ 马克思以"改变世界"的治理作为自身哲学区别于以往哲学的根本，其主要是揭示人类社会存在内部的生产方式对现实的人及社会的制约。

二 生存劳动到价值劳动：社会个体化转型的规范基础

"'精神'从一开始就很倒霉，注定要受物质的'纠缠'"④，这种纠缠是从社会生活内部产生的；而社会生活的重要出发点则是人类生存的个体化体验及个体化价值实践。"把社会成员铸造为个体，这是现代社会的特征"⑤。现代社会之所以与传统社会有区别，最突出的体现就是个体与社会直接实践关系的重大变迁，即以个体化为特质的现代社会建构着社会生活。个体化精神与价值实践在传统社会向现代社会转型中存在两面性，个体化带来的精神个性的解放与自由的欢乐，同时也担负着个体化所导致的风险与精神痛苦。西方现代化发展史就是社会个体化的发展演进过程，在中国这一事件则发生在改革开放以来的40多年中，其中最重要的推动力量则是以社会主义市场经济建设为主体经济改革和社会改革。使社会生活进入以物的依赖为基础的人的独立性阶段，市场逻辑与资本逻辑前所未有地打破

---

① 《马克思恩格斯全集》第1卷，人民出版社，1995，第561—562页。
② 《马克思恩格斯全集》第3卷，人民出版社，1960，第48页。
③ 《马克思恩格斯全集》第3卷，人民出版社，1960，第6页。
④ 《马克思恩格斯选集》第1卷，人民出版社，1995，第81页。
⑤ 〔德〕乌尔里希·贝克等：《个体化》，北京大学出版社，2011，第246页。

了束缚人的人身依附与自然纽带关系，突破了传统的宗法、人群共同体，个体的人获得了前所未有的独立性和自主性，正如马克思所说："任何人类历史的第一个前提无疑是有生命的个人的存在"①，因此，生命个体对各种虚假共同体的束缚的摆脱是实现自由个性的必然环节，"人类的社会历史始终只是他们的个体发展的历史"②。

现实社会的问题是，人的个体性与共同性、独立性与依赖性、自我与他人不是绝对对立和隔离关系，人要成为真正的自由的个体，就是要实现人的本质，马克思说："人的本质不是单个人所固有的抽象物，在其现实性上，它是一切社会关系的总和。"马克思在此所表达的深刻价值意蕴，是现实的具有个体性的人是存在、生成于社会关系中的。也就是说，人的本质是在人的社会关系中实现的。人类的生存与发展都是在社会关系的总和中展开的，此种展开不仅是客观的，而且是具体的、历史的、实践的，在社会关系总和中的既是"类"意义上的人，是体现自由自觉价值劳动的人，也是具有个体化的个性的人。

价值劳动是人类的实践本质的活动。现代社会因生存劳动所导致的个体化精神价值的自我逆反已经对人的类价值构成重大冲击，使人类的类精神和类价值的表达受阻，从而进一步制约个体化价值劳动向更广范围扩展和向一个更高的层面升华。一是"个体"的生存劳动价值精神的无向化、无根化。现代个体被深置于一个彻底物化、"祛魅"化的世界之中。人的生命价值意义的重负全部转移到个体身上，神圣世界的神性秩序的瓦解，个人生命价值以物的占有为获得意义的根据。无根的身体在城镇化的浪潮中难以落身，游走在繁华城市与落后乡村之间的情感心灵的焦虑彷徨使自身处在夹缝中，成为无向的"夹缝的一代"，是精神荒芜的"夹缝人"。二是现代个体的生存劳动价值规训化。现代社会的社会理性现代化相伴而生的是对个体提供了社会公共生活的理性规划，社会的经济、政治、生态和生活都是按照普遍社会理性精神构建的社会实践秩序，这就决定了现代人的个体化是被理性的制度化所规范和引导的"个体性"。因此，现代社会的个体化不是个人自由发展的个性，只有到共产主义社会才是个人自由发展的

---

① 《马克思恩格斯全集》第 27 卷，人民出版社，1972，第 23—24 页。
② 《马克思恩格斯全集》第 27 卷，人民出版社，1972，第 24 页。

个性。当代社会互联网、大数据的发展使得精神文化更是成为被各种不同的意识形态、思想观念所殖民和奴役，人缺少民主参与精神价值实践、建构的社会场景，这成为我们整个时代个体与类之间的个体化精神追求深层的矛盾，也导致了精神扶贫的重大文化鸿沟。

在个性与类性的辩证统一中重建个体化的精神价值劳动态度，成为反抗和阻断现代个体化生存劳动困境的必然，个体化的抽象性与片面性发展也导致了人的类性的抽象性、物质化，这成为人类进步和共产主义实践运动发展的障碍，马克思把"建立在个人全面发展和他们共同的社会生产能力成为他们的社会财富这一基础上的自由个性"① 看作未来人发展的精神价值规则，实际上真正意义确立了新时代价值劳动超越的资本化的生存劳动的文化实践境界。

三 价值劳动的安全主体建制：新时代人民安全劳动价值观形成与确立

历史唯物主义原理指出的人民是历史的主体和创造者，将人民确立为社会生活实践至高主体，从而确立了马克思革命实践逻辑出场学意义的变革范式：人民主体生成的劳动发展价值结构。进一步强调并揭示出人民在社会实践和社会革命中的地位和作用，人民利益论、人民群众方法论、以人民为中心、坚持人民主体地位等都是围绕人民是劳动历史主体、劳动实践主体、劳动价值主体、劳动社会动力主体等展开的人民改变世界的价值劳动实践。人民主体生成的安全发展价值结构对人民主体劳动价值观建构与变革的意义，虽然有自身的发展史和内在理论逻辑，但是离不开马克思主义与时代问题结合性的把握与透视。应该说真正有效用的人民主体理论一定是对社会现实及人民安全劳动价值观问题的把握。人民主体的历史实践史及人民劳动价值观发展史就表现为人民主体劳动生成史及问题史。但是，关键问题在于，普遍主义价值观及其宏大叙事结构中，"'人民'的主体地位就往往被虚化或分解，难以到位"② 。新时代人民主体劳动生成问题被思

---

① 《马克思恩格斯全集》第 46 卷（上），人民出版社，1980，第 104 页。
② 李德顺：《论当代中国的人民主体理念》，《哲学研究》2016 年第 6 期。

辨化、抽象化理解,难以围绕现实社会问题变化而更新理论范式,根据社会人民安全实践结构转变与发展转型,确立人民主体劳动价值观,分析人民主体生成的安全发展价值结构,揭示马克思劳动价值观的实践变革成为新时代实现人民主体的关键。

(一)安全价值立场:人民主体劳动确立的重建

"古代根本不懂主体权利,它的整个世界观实质上是抽象的、普遍的、实体性的"①。在马克思看来,作为主体的人并不是抽象的存在物,而是具体生成着的社会关系中的活动主体。人民主体立场既是一种理论视域,又是一种唯物辩证法,为反思以往哲学的抽象主体论思维提供理论实践切口。长期以来人民主体理论研究及方法带有很强烈的思辨性和抽象性,只是探讨一种理性化的抽象人民主体观,造成人民主体生成落地性实践受阻。因此,马克思指出:"从前的一切唯物主义(包括费尔巴哈的唯物主义)的主要缺点是:对对象、现实、感性,只是从客体的或直观的形式去理解,而不是把它们当做感性的人的活动,当做实践去理解,不是从主体方面去理解。"② 更重要的是将自己的哲学与无产阶级人民群众这一历史真实的价值主体紧密结合在一起,立足人民主体实践的立场,去改变世界。实现"哲学把无产阶级当做自己的物质武器,同样,无产阶级也把哲学当作自己的精神武器"③,为此,马克思把人民主体立场建立在历史中最应受到关怀、重视的无产阶级人民群众的主体劳动实践基础上,也意味着发展的安全价值立场就是人民主体劳动实践真正进入对资本主义的批判中,投入到无产阶级人民解放和幸福的事业中,更昭示着这种为了大多数人的自由而全面发展的人民劳动价值立场真实的落地,即实现共产主义社会。

(二)安全价值原则:人民主体劳动活动的实现

人民主体劳动活动的价值原则是人民安全价值观最为核心的分析框架

---

① 《马克思恩格斯文集》第 1 卷,人民出版社,2009,第 53 页。
② 《马克思恩格斯文集》第 1 卷,人民出版社,2009,第 499 页。
③ 《马克思恩格斯选集》第 1 卷,人民出版社,2012,第 16 页。

和规范。"人类生活按其本质来说，就是人所有的可能性在其活动中实现"①，人类实践活动现实展开是由人民群众的社会实践把握和创造的，是马克思安全发展价值观的根本原则。人民主体自由自觉活动是作为主体的人的一种基本的内在价值诉求，更是人的本质力量的确证和"从事实际活动的人"②的地位表征。人民主体活动体现着人民主体劳动实践的主体实现形式，构成当代社会人民安全劳动价值观规范，人民主体活动实质为现代社会语境下的人民安全劳动价值观的具体样态、实践话语及实现形式，强化人民主体劳动实践的价值逻辑。人民安全劳动价值观研究不仅能够直面现代社会发展中资本活动的主体异化与全球网络化虚假主体等重大现实问题，而且，通过对价值的安全反思与批判，深化对人民主体劳动实践的社会活动结构和现实条件的把握。

（三）安全价值目标：人民主体劳动自由全面发展

人民主体自由全面发展是人的本质力量作为一种主体能力自为存在的价值目标。人民主体安全把"每个人的自由而全面发展是一切人自由而全面发展的条件"③看作实现安全发展的基础，构成人民安全价值观的重要价值理想特征。资本主义国家把人民与思想隔离，人成为没有思想的劳动工具，因此马克思通过确立人民的自由个性和人的自由自觉活动重构了人民主体的安全劳动目标。建构了围绕人的自由而全面发展的共产主义运动，从更高层面思考人民主体自由发展，回答和应对资本主义社会自私自利原子化异化的人无法克服的缺陷，在用"自由人联合体"这一真正的共同体揭示社会结构和国家的理论维度，阐明现实人的自由自觉活动是人类社会向自由王国飞跃的价值基础。因此，共产主义不仅是一种新的社会结构和实践形态的生成，更是一种人民主体目标新形态的历史性生成。

（四）安全价值实践：人民主体劳动价值的变革实践

人民主体劳动价值的变革实践立足全部社会生活在本质上是实践的视域，

---

① 王南湜：《人类活动论：马克思的哲学革命》，北京师范大学出版社，2017，第1页。
② 《马克思恩格斯文集》第1卷，人民出版社，2009，第524页。
③ 《马克思恩格斯文集》第2卷，人民出版社，2009，第53页。

着力从人的活动的物质实践出发来揭示人民现实生活生产对历史、思想和社会变革的重大意义。历史不是消融在精神领域自我意识的生产的历史,而是"一定的物质结果,一定的生产力总和,人对自然以及个人之间历史形成的关系,都遇到前一代传给后一代的大量生产力、资金和环境"①,因此这种历史观和唯心史观有本质不同,始终站在人民现实实践基础上,把人与自然、人与人、人与社会的真实活动全部纳入历史进程,从现存的现实关系出发去改变世界。人民是思想生产者、创造者、管理者和调节者,是社会变革的历史主体力量。反对虚假观念的思想统治和反对把人民与思想观念对立成为人民主体价值变革实践的思想基础。人民的物质活动、物质交往同人民思想紧密联系在一起,人民不仅进行物质生产活动,而且还进行精神生活生产,在现实生产生活中生成人民的思想精神。要想实现社会变革就要推动人的解放和改变世界。人的解放包含着思想解放,但更重要的是"在现实的世界中并使用现实的手段才能实现真正的解放"②。这种人的解放是一种人民主体劳动的历史活动,要生成人民主体价值活动之新的社会结构和社会关系。

【执行编辑:赵 柯】

---

① 《马克思恩格斯文集》第 1 卷,人民出版社,2009,第 544 页。
② 《马克思恩格斯文集》第 1 卷,人民出版社,2009,第 527 页。